이렇게 **生生**한
도덕수업

이렇게 生生한 도덕수업

펴 낸 날/ 초판1쇄 2018년 11월 23일
　　　　　재판1쇄 2022년 6월 25일
지 은 이/ 조설아

펴 낸 곳/ 도서출판 기역
펴 낸 이/ 이대건
편　　 집/ 책마을해리

출판등록/ 2010년 8월 2일(제313-2010-236)
주　　 소/ 전북 고창군 해리면 월봉성산길 88 책마을해리
　　　　　경기도 파주시 회동길 363-8
문　　 의/ (대표전화)02-3144-8665, (전송)070-4209-1709

ISBN 979-11-85057-54-5 03370

이렇게 生生한 도덕수업

돈 외모 사랑 거짓말

조설아 지음

ㄱ

인선이는 대학 동문으로 18년 이상 된 친구이며 도덕교사입니다. 첫째 아기 육아휴직 중에 둘째를 낳아서 4년 이상 육아 휴직을 하고 있습니다. 인선이는 휴직이 길어지면서 복직이 설레고 동시에 조금 두렵다는 식으로 말했습니다. 저는 호기롭게 말했습니다.

"야, 걱정 마. 지금까지 수업한 거 다 정리해서 줄게."

"정말? 정말이지? 너만 믿는다."

파일로 정리해서 주느니 책 한 권으로 만들어서 주면 좋겠다고 생각했습니다. 이 책을 쓰기로 결정한 주된 이유는 바로 친구에게 한 약속 때문이었습니다.

시중에 '인성교육'이나 '철학교육'에 관한 책은 제법 있습니다. 대부분은 이야기를 읽고 생각하게끔 하는 형식입니다. 그러나 매 수업 시간마다 '위 이야기를 읽고 생각해보자'고만 할 수 없습니다. 또 '도덕교육'에 관한 책들 대부분은 이론적인 부분에 치중해 있습니다. 수많은 철학 에세이도 교사들이 철학 사상을 점검하고 탐구하는 데 도움을 줄 뿐입니다.

현장 교사는 당장 수업시간에 활용할 수 있는 내용과 방법이 필요합니다. 선생님이 수업시간에 '뭘' '어떻게' 가르쳐야 할지 고민한다면 어불성설일까요? '교과서가 있는데 뭘 고민하냐?'고 되묻는 사람도 있습니다. 그런데 교과서가 현실을 따라잡지 못할 때가 많습니다. 세상은 하루가 다르게 변하고 있는데 교과서는 발행된 날을 기준으로 뒤처져 갑니다. 4차 산업혁명시대가 왔는데 '19세기 교실에서 20세기 교사가 21세기 아이들을 가르친다'는 명언(?)이 여전히 떠돌 정도로 수업과 교과서의 내용은 변화가 크지 않습니다.

학생들은 '친구가 없어 고민'이고 '집에 돈이 없어 고민'이고 '얼굴이 못생겨 고민'입니다. 교과서에서는 '진정한 우정은 배려다', '물질적 가치보다는 정신적 가치가 중요하다', '외면보다는 내면을 보자'라는 식으로만 결론을 내려놓고 있으니 때론 답답합니다. 교과서와 현실의 매개 역할을 교사가 해야 합니다. '도덕'은 현실과 직결되는 이야기를 하는 교과이므로, '도덕' 교사는 타 교과보다 더 현실에 민감하게 반응하면서 수업 연구를 해야 합니다.

한때 저도 교과서 진도에 맞춰서만 수업한 적이 있습니다. 교과서 지식을 학습지로 만들고 그것을 갖고 열심히 수업했습니다. 그런데 언젠가부터 학생들이 지루해했습니다. 해가 갈수록 수업시간에 엎드린 채 아무리 깨워도 일어나지 않는 애들이 늘어갔습니다. 교권의 붕괴인가, 인성교육의 부재인가, 밥상머리 예절 교육의 잘못인가, 21세기 아이들은 이전 아이들과는 다른 신인류란 말인가 – 별 생각이 다 들었습니다.

'교과서대로 수업한다고 해서 애들이 큰 감화를 받는 것 같지도 않고 수업시간에 지루하다고 저 난린데 계속 이대로 해야 하는가?'라는 고민이 들었습니다. 그때 대

학 시절 은사님의 말씀이 떠올랐습니다.

"도덕은 미술, 음악, 체육과 같은 예체능 교과로 보아야 한다. 학생이 느끼고 생각하고 표현하고 활동하게 만드는 교과가 되어야 한다."

이 말씀이 생각난 뒤 과감히 교과서를 뛰어넘는 '나만의 도덕수업'을 만들자고 다짐했습니다. 그리고 여러 자료를 참고하고 여러 수업 방식을 적용하면서 '나만의 도덕수업'을 만들어갔습니다. 다행히 학생들 반응은 좋았습니다. 이 책은 십여 년 간 했던 '나만의 도덕수업'에 관한 책입니다.

'이렇게 生生한 도덕수업'이라는 제목은 교사와 학생 모두 교실에서 재미있고 활기찬 도덕수업을 만든다는 뜻에서 붙였습니다. 1부에서는 실생활에서 의문을 품는 4가지 주제(거짓말, 돈, 외모, 사랑)를 실었습니다. 거짓말과 관련한 주제는 일상생활에서 가장 많이 저지르는(?) 비도덕적 행위이지만, '해서는 안 된다'는 원론적인 말만 되풀이되는 주제이기도 합니다. 저는 거짓말이 허용되는 때와 허용되지 않는 때에 대해 학생들과 논의해보고 싶었습니다. 외모는 성적을 제외하고 학생들이 가장 관심을 갖는 주제입니다. 돈과 사랑에 관한 주제는 성인이 되었을 때 본격적으로 관심을 갖는 부분이므로 수업 시간에 꼭 다루고 싶었습니다. 특히 사랑과 연애에 관련한 부분은 많은 청소년들의 실시간 관심 분야이기도 합니다.

2부에서는 교과서 재구성이 아직 부담스러워 교과서를 주된 교재로 활용하는 교사도 적용해볼 만한 방법을 실었습니다. 많은 수업 방법 중 미디어 활용과 모둠활동을 실은 이유는 교사들이 가장 많이 활용하는 교수-학습 방법이기 때문입니다. 이 교수-학습 방법을 좀 더 정교하게 사용할 수 있는 팁을 공유하고 싶었습니다.

　이 책은 도덕수업 시간에 학생들과 '무엇을 어떻게 탐구해야 하는가?'에 대한 하나의 답변입니다. 정답은 아닙니다. 하나의 시도입니다. 이 책을 읽은 뒤 '이 정도라면 나도 할 수 있다', '별 거 아니네'라는 생각을 했다면 다행입니다. 이미 도덕선생님들 중에서 '나만의 도덕수업'을 하고 계신 분들이 많으며, 저도 그런 사람 중의 하나일 뿐이니까요. '뭘 가르치지?', '어떻게 가르치지?'라고 고민하며 매 수업시간 전 설렘과 두려움을 동시에 느끼는 도덕선생님들께 이 책이 길잡이 역할을 할 수 있기를 기대해봅니다.

2018년 11월 조설아

contents

돈, 외모, 사랑,
거짓말로 여는
도덕수업

학생들이 수업에 흥미를 갖게 하려면 교과서를 뛰어 넘는 내용을 구성해서 함께 탐구해보자. 교과서를 무시하자는 게 아니다. 일종의 교육과정 재구성이다. 일단 초등학교-중학교-고등학교 교육과정과 교과서를 살펴보면서 흐름을 훑은 뒤 교과서 내용 중 현실과 연관시켜 탐구해볼 만한 주제가 있는지 찾아내야 한다.

사실 교과서는 현실과 관련 있다. 다만 현실 문제 자체보다는 그것을 해결하는 원리나 철학 등 원론적인 내용들이 많다보니 학생들은 교과서를 지루하게 느낀다. 그 추상적인 원리와 철학을 현실 문제와 접목시키는 과정이 필요하다.

그래서 나는 교과서와 다른 자료들을 통합하여 도덕시간에 다룰 만한 주제들을 추려낸 뒤 학습 자료를 만들고 그에 맞는 교수-학습 방식을 적용하여 수업해봤다. 오로지 교과서만 갖고 수업할 때보다 학생들 반응이 좋았다. 학생과 학부모들로부터 재미있고 유익했다는 평을 들었던 수업 주제 4가지를 1부에 실었다.

처음 수업 주제를 선정할 때 내가 어릴 적부터 궁금해 했던 문제들을 포함시켰다. 그리고 학생들도 이 주제들에 대해 나처럼 관심 있어 한다는 걸 알고 수업에 자신감이 점점 생겨났다. 네 가지 주제는 다음과 같은 질문으로 표현될 수 있다.

- 거짓말: 왜 사람들은 서로를 속일까? 꼭 거짓말이 나쁜 걸까?

- 돈: 우리 집은 왜 가난할까? 좋은 부자는 없을까?

- 외모: 나는 왜 이렇게 못 생겼을까?

- 사랑: 이혼이 꼭 나쁜 건가? 사랑이 영원할 수 있을까?

위의 주제를 갖고 학생들과 탐구했을 때 학생들은 눈빛을 반짝이며 수업에 임했다. 왜냐하면 당장 현실 그리고 지금과 관련 있기 때문이다. 더 재미난 사실은 거짓말이나 외모지상주의, 사랑과 같은 주제를 탐구할 때 종종 졸던 학생들도 '돈'과 관련한 주제를 탐구할 때만큼은 잠도 자지 않고 수업에 참여했다는 것이다. 어떤 학생들은 '이런 도덕시간은 처음이다', '도덕시간이 기다려진다', '오늘은 뭐 배워요?'라고 말하곤 했다.

도덕교과의 정체성을 잃지 않으면서 이런 주제를 탐구할 수 있게 수업을 구상하였지만 부족한 부분이 있다. 그래도 학생들이 '도덕 시간이 너무 기다려지고 재밌어요'라고 말하기를 원한다면 이런 주제들을 갖고 수업해보는 시도도 필요하다. 이런 주제를 포함한 현실적인 이야기를 도덕 시간에 많이 탐구하면 좋겠다. 생각해보라, 도덕 시간 말고 어느 시간에 이런 이야기를 집중적으로 할 수 있겠는가.

1장. '거짓말'을 둘러싼 문제

범죄심리학 분야의 세계적인 석학인 폴 에크만 박사에 따르면 사람은 8분마다 한 번씩, 하루에 최소 200번 정도는 거짓말을 한다고 한다. 워털루대학교의 한 연구팀은 어린 아이들이 얼마나 자주 거짓말을 하는지 연구했는데, 네 살 아동은 두 시간에 한 번꼴로, 여섯 살은 90분에 한 번씩 거짓말을 한다는 결과를 내놨다. 즉 네 살 전후의 연령이 되면 의도적으로 거짓말을 하기 시작한다는 것이다. 인지능력의 자연스러운 발달 현상이다. 어쩌면 인간은 언어를 제대로 구사하기 시작하면서부터 거짓말을 한다고 볼 수 있다.

인류 사회에서 '거짓말을 하지 말라'는 규칙은 절대적이다. 우리 모두는 어릴 때부터 '거짓말을 해서는 안 된다'는 교육을 받고 있다. 그러나 거짓말을 하지 않는 이는 없다. 모순이다. 아이들은 거짓말을 하면서도 거짓말을 해서는 안 된다는 규칙을 배웠기 때문에(거의 세뇌 수준이다) 혼란을 느낀다. 어른이 되어서도 마찬가지이다. 다른 사람에게 딱히 피해가 가지 않는 거짓말이나 거짓 행위를 하면서도 - 예를 들어 동료의 패션 스타일이 영 이상하지만 '괜찮다'라고 말한다거나 억지로 끌려간 회식 자리에서 즐거운 표정으로 노래를 부르는 행위 - 양심의 가책까지는 아니어도 뭔가 영 뒷맛이 꺼림칙한 찝찝함을 느낀다.

'도덕'을 논하면서 이 모순된 현실에 대해 정확히 짚고 넘어갈 필요가 있다고 느꼈다. 개인적으로는 '선의의 거짓말'을 꽤 하는 편이라서 이 주제에 관심을 갖고 살아왔다. 내가 모순이라고 느낀다면 많은 아이들도 그럴 것이라고 여겼고 관심이 있을 것이라고 생각했다.

도덕교과서에서는 '칸트'의 주장을 중심으로 '거짓말을 해서는 안 된다'는 암묵적인 주장만이 실려 있다. 혹은 특정 상황에서 '거짓말을 해야 할까 말아야 할까?' 같은 도덕적 딜레마 정도가 있을 뿐이다(7차 중학교 3학년 교과서엔 '말기암 환자인 가족에게 사실을 말해야 하나 하지 말아야 하나'를 도덕적 딜레마의 사례로 제시하고 있었다). 그래서 일단 거짓말에 대해 탐구할 때 제일 먼저 '칸트'와 '벤담'의 주장을 중심으로 거짓말에 대한 철학적 주장을 분석한 뒤 학생들이 현실에서 겪는 딜레마 상황을 중심으로 토의하게 했다. 여기서 끝내지 않고 '필요악의 거짓말', '선의의 거짓말' '거짓말을 해도 좋을 경우'까지 함께 이야기해봤다.

> **차시별 수업 진행**
>
> **1차시** 칸트의 거짓말에 대한 주장 소개
>
> **2차시** 벤담의 거짓말에 대한 주장 소개
>
> **3차시** 철길의 딜레마 모둠별 토론
>
> **4차시** 거짓말을 해도 괜찮은지 괜찮지 않은지 모둠별 토론
>
> **5차시** 『도덕을 위한 철학통조림』 읽기
>
> **6차시** 소설 『거짓말 학교』 소개 및 마무리

1. 칸트 "거짓말은 절대 안 돼"

칸트(1724~1804)는 어떠한 경우에도 거짓말을 해서는 안 된다고 주장한다. 인류 사회의 절대불변의 법칙이다. 예외는 없다. 가령 자기 목숨이 위협을 받는다거나 가족이나 친구가 죽는다고 해도 거짓말을 해서는 안 된다.

> "칸트는 우리가 도덕적인 행동을 해야 하는 이유는 그것이 바로 양심의 명령이며 양심에 따라 행동하는 것이 당연한 의무이기 때문이라고 강조하였다."
> ―『중학교 도덕②』(정창우 외, 미래앤)

칸트는 논문 「인류애를 위하여 거짓말할 권리에 대해서」에서 거짓말을 절대 어떤 경우에도 해서는 안 된다는 극단적인 주장을 밀어붙인다.

> "어떤 사람이 친구를 뒤쫓고 있어서 나는 친구를 집안에 숨겨주었다. 그리고 잠시 뒤 그 쫓아온 사람이 친구를 집안에 숨겼냐고 질문을 하면 무조건 숨겨주었다고 대답해야 한다."

이 주장은 일반적인 견해 ― 친구의 목숨을 구하기 위해 거짓말을 해야 한다 ― 에 맞지 않다. 그래서 이 이야기를 들은 학생들은 처음에는 상당히 반발하며 심지어 '미친 거 아니에요?'라는 솔직한 반응을 내놓는다. 그럴 거면 애당초 왜 숨겨주었느냐고 질문한다.

칸트의 주장은 매우 단순하다. 그는 '불쌍한 사람은 도와줘야 한다'가 양심의 명령이기 때문에 당연히 친구를 숨겨주었을 뿐이다. 또 '거짓말을 절대 해서는 안 된다'가 양심의 명령이기 때문에 추격자에게 친구가 숨어 있는 곳을 말해줘야 한다. 칸트의 사고체계에서는 절대 이상하지도 않고 모순되지도 않는다. 그러나 학생들은 지지 않고 반문한다.

"친구가 죽으면 어떡해요?"

여기서부터 학생들과 내기(?)를 하면 좋다. '칸트는 왜 친구가 숨은 곳을 말해주라고 했을까?' 역으로 질문한 뒤 정답을 맞춘 사람을 칸트에 맞먹는 천재라고 하면 수업 분위기는 학구열(?)로 후끈 달아오른다. 학생들은 다양한 대답을 내놓는다.

'자기가 죽을 것 같으니까', '친구랑 사이가 안 좋아서', '무서워서'……

칸트가 말한 답변을 한 번에 맞춘 학생은 지난 4년간 단 두 명이었다. 그만큼 추측하기가 쉽지 않다. 답변이 잘 안 나올 때 아래와 같은 문답법을 쓴다.

"자, 힌트를 줄게요. ○○야, 만약 신(神)이 너에게 나타나서 공부를 아무리 못하고 막 살아도 반드시 100억의 부자로 평생 잘살게 해주겠다고 약속을 했어. 그러면 너 여기서 공부할 거야?"

"아니오."

간혹 공부하겠다고 하는 녀석들도 있다. 이럴 땐 반 전체에게 질문하면 된다. 대부분의 아이들은 공부하지 않겠다고 한다. 당장 뛰쳐나가 PC방에 가든 어디 가든 놀러 다니겠다고 한다.

"자, 그럼 다시 신이 나타나서 공부를 아무리 잘하고 성실하게 살아도 네 미래를 무조건 불행하고 힘들게 만들겠다면 공부할래요?"

"아니오."

대부분의 아이들은 하지 않겠다고 한다.

"자, 이제 힌트 다 줬습니다."

갈피를 못 잡는 학생들이 태반이다.

"자, 들어봐요. 우리가 공부를 열심히 하는 이유는 미래를 알기 때문이다? 모르기 때문이다?"

"모르기 때문에."

"그 어떤 인간도 미래를 완벽하게 맞힐 수 없습니다. 자, 그래서 칸트는 뭐라고 했을까요?"

여기까지 말하면 한두 명쯤은 눈치를 챈다. 칸트는 미래 무슨 일이 일어날지 장담할 수 없기 때문에 원인에 따른 결과를 마음대로 상상해서 추측하지 말라고 했다. 위와 같은 상황에서 추격자에게 친구가 숨은 곳을 알려준다고 해서 반드시 친구가 죽는다고 누가 장담할 수 있는가, 라고 칸트는 말했다. 진실을 말한다고 해서 반드시 친구가 죽는다고 할 수 없다는 것이다. 바꿔 말하면 거짓말을 한다고 해서 친구가 살아난다는 보장도 없다. 칸트의 답변을 들으면 아이들은 진심으로 대부분 분노 (?)하며 허탈해한다.

"말도 안 돼요. 쫓아오고 있었잖아요."

그러나 반박할 여지가 없을 정도로 논리적이라서 애들은 분노(?)하지만 허탈해 한다. 나는 이쯤에서 아래와 같이 이야기해준다.

"칸트의 답변은 우리의 상식과는 다릅니다. 하지만 맞는 말이죠. 우리가 거짓말을 한다면 과연 그 추격자가 순순히 물러날까요? 오히려 내 말을 믿지 않고 집안을 뒤져서 친구를 찾아낸 뒤 더 험한 꼴을 당할지도 모르고."

그제야 아이들은 고개를 끄덕이지만 뭔가 찝찝한 표정들이다. 나는 칸트의 주장은 반박할 여지가 없을 정도로 정교하지만 뭔가 찝찝하다고 해서 '칸트 찝찝'이라고 말해준다. '칸트 찝찝'의 또 다른 의미는 '칸트는 양심에 찝찝한 행위는 다 옳지 않고 해서는 안 된다고 주장했다'는 의미도 담고 있다.

2. 벤담 "선의의 거짓말"

거짓말 수업에서 칸트의 주장부터 탐구하는 이유는 '거짓말을 해서는 안 된다'가 사회의 절대적 규칙이기 때문이다. 이 사회는 진실을 토대로 이뤄져있고 발전해나가고 있다. 거짓말을 할 수밖에 없는 상황이나 거짓말을 하는 게 더 나은 상황은 예외적인 상황으로 본다. 어떤 경우에는 거짓말을 할 수도 있다는 것이지, 거짓말이 좋다거나 거짓말을 해야만 한다는 것은 결코 규칙이 될 수 없다. 그러나 예외적 상황은 현실에 늘 존재해왔다. 그러기에 '선의의 거짓말'이 있는 셈이다. 특히 벤담과 같은 철학자는 거짓말이 더 좋은 결과를 가져오면 해도 좋다고 주장해서 우리 속을 뻥 뚫어준다.

칸트의 주장과 비교하여 늘 세트 메뉴처럼 따라 나오는 철학자는 공리주의(公理主義)의 대표자 벤담(1748~1832)이다. 학생들은 벤담의 주장은 비교적 쉽게 이해한다. 학생들에게는 중심 키워드 '공리주의', '최대다수의 최대행복', '행위의 결과가 사회에 더 많은 이익을 준다면 무조건 옳은 것이다'를 중심으로 설명한다.

'옳고 그름'의 기준을 '양심'에만 둔다면 칸트적인 사고방식이다. 그러나 양심에 따를 때 이익이 적다고 판단하면 양심을 버리기도 하는 것이 현실 인간의 삶이다. 벤담은 양심이라든가 인권이라든가 하는 절대적인 기준을 무시한다. 오로지 행위의 결과적 이익만을 따진다. 벤담은 그때 그때 상황에 따라 이익을 많이 주는 행위만을 선택하면 된다고 주장했다. 일견 파격적으로 들리지만 현대 자본주의 사회를 살아가는 대부분의 사람들은 이런 식으로 계산하고 살아가기 때문에 오히려 평범하게 느껴지기도 한다. 학생들에게 강조하는 것은 벤담 주장의 단점이다.

"자, 칸트가 말한 사례를 떠올려봅시다. 추격자가 쫓아와서 친구를 숨겨줬습니다. 그리고 우리는 벤담 식으로 생각해서 추격자에게 거짓말하는 것이 이 상황에서 더 이익이 클 것이라고 예상했습니다. 그래서 추격자에게 거짓말을 했습니다. 그런데 추격자가 내 거짓말을 믿고 순순히 물러나면 좋은데 혹시 집안을 다 뒤져서 친구는 물론 나까지 험한 꼴을 당할 수도 있을까요?"

이렇게 말하면 학생들은 벤담의 주장이 계산과 예측이 어렵다는 단점을 갖는다는 걸 쉽게 알아차린다. 벤담은 조금 더 계산을 정확하게 하려고 일명 '쾌락계산법'이라고 해서 7가지 기준(강도, 지속성, 확실성, 원근성, 생산성, 순수성, 연장성)에 의해 결과의 쾌락(이익)을 계산하는 공식을 만들어냈다. 학생들은 벤담이 쾌락계산법을 만들어냈다는 사실에 일차로 경악한다. '똘아이'라는 말도 튀어나온다. 이쯤 되면 속이 뻥 뚫리는 게 아니라 속이 콱 막혀버린다. 막말로 칸트는 고민할 필요가 없지만 벤담은 수학 공식까지 동원해서 이익과 손해를 철저히 계산해야만 한다. 머리가 아프다.

벤담은 진실이든 거짓이든 관련된 사람들의 이익을 계산하고 그 결과가 좋은 행위만을 해야 한다고 주장했다. 여기서 헷갈리지 말아야 할 점은 벤담은 '오로지 자기 자신만 이익을 보고 다수 사람들이 피해를 보는 행위는 옳지 않다'고 주장한다는 점이다. 나만 행복하고 다른 모든 이들이 불행해지는 행위는 정당하지 않다.

벤담 철학을 이야기할 때 '판옵티콘' 이야기를 빼놓지 않는다. 학생들에게 파워포인트로 사진을 보여주고 설명한 뒤 현재의 무엇과 비슷하냐고 질문해본다.

"자, 한 사람이 가운데 서서 빙 둘러보면서 많은 사람들을 감시합니다. 뭘까요?"

"교도소?"

실제로 판옵티콘을 재현한 교도소의 모습이긴 하다. 그런데 교도소 말고 우리 일상 어디에서나 우리를 감시하는(?) 물건이 있다.

"자, 어딘가 앉아서 눈에 보이지 않은 구석구석까지 다 볼 수 있는……."

팝옵티콘

"CCTV!"

이쯤 되면 학생들은 CCTV라고 금세 눈치 챈다. 판옵티콘은 현대의 CCTV의 원조 격이라 할 수 있다. 소수가 다수를 감시할 수 있는 획기적인 시스템이다. 벤담은 늘 투자 대비 최대 효율성을 따졌다. 아무튼 많은 사람에게 쾌락과 즐거움을 더 주고 고통을 경감시키는 행위만이 옳다. 한 사람을 죽여서 여러 사람이 살 수 있다면 당연히 한 사람을 죽여야 한다고 벤담은 주장한다.

그는 평소에 '사람의 시신도 그냥 땅에 묻어 썩힐 것이 아니라, 시신을 보존해서 전시한다든지 해부실습에 쓴다든지 해서 공공의 이익에 최대한 부합하게 하자'고 주장했다고 한다. 그리하여 자신의 시신을 방부처리한 뒤 보존하여 대대손손 전시하라고 당부했다. 자신의 시신을 보면서 영국 시민들이 무언가 깨닫기를 바랐나보다. 이 이야기를 들려주면 학생들은 두 번째로 경악한다. 인터넷에 들어가면 벤담의 잘 보존된(?) 머리를 볼 수 있다. 이 머리는 벤담이 설립자인 대학의 박물관에 잘 보관되어 있다. 벤담의 머리를 훔쳐간 이야기는 유명해서 - 흠모하는 철학자의 머리를 가져가면 머리가 좋아질 거라 착각했는지? - 우리나라 예능 프로그램(일요일 오전에 신비한 이야기를 들려주는 프로그램)에도 소개된 적이 있다.

3. 철길 딜레마 토론: 1명 vs. 5명

철길의 딜레마는 마이클 샌델의 책 『정의란 무엇인가』에 등장하는 개념이다. 일종의 사고 실험이기 때문에 추상적이고 현실에서 일어날 확률이 적어서 중학교 수업에서 다룰 것인가 말 것인가 고민했다. 그러나 칸트와 벤담의 주장을 명확하게 대비하여 이해하는 데 이만한 딜레마 주제가 없고 일종의 사고실험을 하면서 학생들의 철학적 사고력을 증진할 수 있다고 판단하여 수업에 활용하였다.

다행히 철길의 딜레마 내용이 워낙 흥미롭기 때문인지는 몰라도 학생들은 약간 난감해 했지만 수업에 몰입하였다. 학생들이 난감해 하는 이유는 간단하다. 어느 쪽을 선택하든 생명을 죽이는 선택을 할 수밖에 없기 때문이다.

대부분의 학생들은 벤담의 주장 "한 명을 죽이고 다섯 명을 살리는 것이 옳다"를 택했다. 그 이유는 그래도 조금이라도 생명을 더 살리는 것이 낫다는 것이다. 소수의 아이들은 "가던 길을 계속 간다"고 주장했다. 왜냐하면 그것은 기관사의 의무이고 시간 안에 열차를 도착지에 도달시켜야 하기 때문이라는 것이다. 어차피 누군가가 죽는 것을 피할 수 없으므로 기관사의 의무라도 다하겠다는 것이다.

이 딜레마 질문을 던지면 학생들은 "기차가 왜 안 멈춰요?", "지선도 아닌 제 3의 길을 가면 안 되나요?"라고 끊임없이 질문을 던진다. 왜냐하면 1명을 죽이든 5명을 죽이든 누군가를 직접적으로 죽이는 상황은 피하고 싶기 때문이다.

다음은 학습지 내용이다.

1. 칸트와 벤담의 주장 살펴보기

칸트는 ○○에 어긋나는 행위는 무조건 옳지 않다고 했습니다. 칸트는 미래가 어떻게 될지 모르기 때문에 결과가 좋을 것이라고 (함부로) 예상하고 양심에 어긋나는 행위를 해서는 안 된다고 했습니다. 즉 무조건 양심을 따라야 한다고 주장합니다.

벤담은 어떠한 행위의 결과가 관련된 사람들에게 더 많은 이익을 줄 것인지 아닌지를 계산하고 더 많은 이익을 주는 행위를 하면 된다고 주장합니다. 그는 관련된 사람들에게 더 많은 ○○을 주는 행위가 옳다고 주장합니다.

○○에 들어갈 단어를 차례대로 쓰세요. ☞ _____

2. 멈출 수 없는 열차

열차가 달리는 선로에 5명이 묶여 있다. 선로를 바꾸려고 보니 지선에는 1명이 묶여 있다. 당신이 열차의 기관사라면 어떤 선택을 할 것인가?

2-1) 벤담이라면

만약 기관사가 벤담이라면,

_____

왜냐하면,

_____

_____

_____

2-2) 칸트라면

만약 기관사가 칸트라면,

_____

왜냐하면,

_____

_____

3. 나와 모둠의 선택

3-1) 나의 선택

내가 열차의 기관사라면,

_____

왜냐하면,

_____

_____

☞ 모둠원들 각각 어떤 선택을 했는지 서로 이야기해 보세요. 그리고 '가장 올바른 선택'으로 합의된 모둠의 의견을 말해봅시다.

3-2) 모둠의 선택

우리 모둠의 선택은,

_____

냐하면,

_____

_____

4. 이 거짓말은 괜찮은 걸까?

1, 2차시에 칸트와 벤담의 거짓말에 대한 이야기를 소개하고 3차시에 철길의 딜레마에 관한 모둠별 토론을 한 뒤 4차시에는 '이 거짓말은 괜찮은가, 괜찮지 않은가?'를 토론한다. 일단 파워포인트 화면으로 상황을 하나씩 제시한 뒤 학생들이 개인 의견을 자유롭게 말하게 한다. 상황 제시와 의견 나누기가 끝나면 모둠 활동을 한다.

> **화면 내용**
>
> 가) 애인이 처음으로 만들어준 요리가 정말 맛이 없지만 '맛있다'고 말한 것.
>
> 나) 키가 168센티미터이고 몸무게가 55kg인 여자 연예인이 포털 사이트 프로필에 키 172센티 몸무게 48.5kg이라고 올린 것.
>
> 다) 중간고사 때 커닝 현장을 들키진 않았으나 주변 친구들의 제보로 불려감. 감독선생님과 담임선생님이 '너 커닝했어?'라고 물어서 '아니오'라고 대답함.
>
> 라) 막 인기를 얻기 시작한 20대 초반의 남자 배우. 그러나 고등학교 때 여자친구와의 사이에서 아기를 낳음. 아기를 자신의 동생으로 호적에 올리고 아기의 존재를 숨긴 채 미혼으로 활동하고 있음.
>
> 마) 대학교 3학년. 100일 사귄 애인과 1박 2일 오동도로 여행가기로 함. 엄마가 누구랑 여행가냐고 묻자 가장 친한 동성 친구의 이름을 말한 것.

1. 모둠원끼리 각자 생각을 말하고 모둠 대표 의견을 정해봅시다.

토론의 원칙

- 조장은 모둠원이 돌아가면서 각 상황에 대해 자신의 의견을 말하게 한다.
- 토론의 과정을 통해 설득하고 합의를 한다.
- 모둠 의견을 정하되 끝까지 설득 안 된 사람의 이름을 기록하여 소수 의견을 존중한다.
- 토론하면서 학습지에 내용을 기록한다.

조장 이름: _____

모둠원들: _____

상황	【모둠 의견】 정당하면 O 정당하지 않으면 X	이유	끝까지 설득 안 된 사람
(가) 애인의 요리			
(나) 프로필 사기			
(다) 커닝 안 했어요			
(라) 숨겨진 아기			
(마) 1박 2일 여행			

모든 학급의 토의 활동이 끝난 뒤 (다)와 (마) 상황만 통계를 내보았다. 학생들이 직·간접적으로 가장 많이 겪는 상황이라고 생각했기 때문이다.

	(다) 상황: 커닝 안 했다는 거짓말	(마) 상황: 대학생의 여행에 대한 거짓말
2016년 (18개 모둠)	괜찮다: 약 34% 괜찮지 않다: 약 66%	괜찮다: 약 16% 괜찮지 않다: 약 84%
2018년 (28개 모둠)	괜찮다: 약 43% 괜찮지 않다: 약 57%	괜찮다: 약 67% 괜찮지 않다: 약 33%

(마) 상황을 제시하자 학생들이 박장대소하고(!) 높은 관심을 보였다. 이 주제를 토의할 때 학생들은 가장 많은 시간을 소모했다. 여학생과 남학생 사이의 유의미한 차이도 있겠지만 학생들은 가풍(家風)이나 부모님의 성향과 평소 발언에 따라 거짓말을 할지 안 할지를 결정했다. (마) 상황에서만큼은 자신들이 그 상황의 주인공인 것처럼 생각하고 의견을 말했다. 그만큼 몰입도가 높았다. 또 거짓말의 정당성 여부뿐만이 아니라 이성교제를 할 때 생기는 스킨십 문제, 부모님과의 문제, 여학생과 남학생의 가치관 차이 등에 대해서 다채롭게 이야기 나눌 수 있었다.

"근데, 얘들아, 나는 여행을 같이 간다고 했지. 거기서 무슨 일이 생긴다고는 안 했다?"

토론이 끝난 뒤 이렇게 말하면 애들이 순간 무안해하며 웃기도 한다.

①『도덕을 위한 철학통조림』시리즈(저자: 김용규) 독후활동지

『철학통조림 시리즈』는 널리 알려진 책이다. 인문 교과 수업시간에 활용하는 교사들이 많이 있다. 개인적으로는 철학의 기초 상식이나 문답법 활용에 도움을 많이 받은 책이다. 다만 중학생이 읽기엔 어려운 단어와 문장들이 있다. 이런 부분은 교사가 미리 체크하고 단어의 뜻을 미리 설명해주어야 한다. 읽은 다음엔 항상 내용 정리를 해야 한다. 독후활동지를 만들어서 내용 정리를 하게 하고 있다.

도덕을 위한 철학통조림-매콤한 맛: 칸트의 주장에 대하여

1. 칸트는 '친구를 죽이려는 암살자가 추격해 와서 집안으로 달아나지 않았느냐고 물었을 경우 어떻게 해야 한다고 답했는가?

2. 칸트는 진실을 말하면 친구에게 반드시 (   ), 거짓을 말하면 친구에게 반드시 (   )고 단정할 수 없다고 했다. 칸트는 (   ) 없는 원인과 결과를 가정해서 (   )하지 말라는 도덕법칙을 어기면 안 된다고 주장했다.

3. 칸트가 말하고 싶은 것은 우리가 어떤 행위를 할 때 그 (   )가 좋을 것인가 나쁠 것인가를 미리 생각하고 판단할 수 없다는 것이다. 또한 보는 (   )에 따라 달라질 수 있기 때문이다.

4. 철학이란 (   ) 일이기 때문에 감정으로 하는 것이 아니라 (   )으로 하는 것이다.

5. 칸트는 행위의 옳고 그름을 판단할 수 있는 것은 오직 (   )뿐이라고 했다. 선의지란 (   )이다. 칸트는 유머감각, 판단력, 용기, 끈기, 권력, 건강, 명예 등도 여러 가지 점에서는 선하지만 그것들을 움직이는 인간의 (   )가 선하지 않다면 이 모든 것들은 극도로 악하고 해로운 것이 될 수 있다고 보았다. 예를 들어 어떤 사람이 대단히 뛰어난 판단력과 용기와 결단력 그리고 체력을 갖고 있는데 그가 (   )를 갖고 범죄를 행한다면 무서운 일이 벌어질 것이다. 칸트는 그의 책에서 '이 세계

뿐만이 아니라 이 세계 밖에서도 우리가 무조건적으로 선하다고 할 수 있는 것은 (   )뿐이다'라고 주장했다.

6. 칸트의 말대로 모든 사람이 도덕법칙을 어떠한 경우에도 지켜 나간다면 이 세상의 모든 (   )은 줄어들거나 아예 (   ) 수도 있다. 하지만 문제는 그것이 실제로 (   )될 수 있느냐이다. 칸트의 주장은 오히려 (   )이지 못하다. 그래서 어떤 사람들은 칸트의 주장에 대해 "칸트의 주장은 순결한 손을 갖고 있다. 하지만 그것에 는 (   )이 없다"고 평가한다.

7. 우리가 생각 없고 나쁜 사람들을 대할 때마다 도덕법칙을 따라야 한다는 원칙에 따라 행위한다면 결국 (   )만 피해를 볼 것이다. 그래서 우리는 그때그때의 상황에 따라 최소한의 (   )는 두어야 한다.

8. 로마시대 철학자 키케로는 약속을 어겨도 되는 경우를 그의 책 (   )에 소개했다. 약속을 어겨도 되는 경우는 다음과 같다. 첫째 자신에게 (   )이 돌아올 경우, 둘째 (   )에게 극단적인 불이익이 될 때, 셋째 약속이 (   )으로 맺어졌을 경우, 넷째 상대방이 (   )할 경우에는 약속을 어길 수 있다. 그래서 거짓말의 경우에도 위와 같은 예외들을 인정해야 한다.

9. 반대파를 피해 가족이 숨어 있는 곳을 알려주는 것은 그 가족에게 (   )을 주는 것이 되는데다 (   )이 극단적으로 올바르지 않은 행위를 하려는 것이기 때문에 반대파를 피해 가족이 숨어 있는 곳을 모른다고 거짓말하는 것이 허용되어야 한다. 그러나 이런 예외들은 매우 (   ) 허용되어야 한다. 만일 사람마다 자신의 편의에 따라 예외를 두기 시작하면 예외들이 점점 (   ) 결국에는 칸트가 염려한 것처럼 법칙 자체가 없어지고 말 것이다. 키케로가 정한 것처럼 모든 예외에는 그 누구도 부인할 수 없는 (   )이 있어야 한다.

② 소설 『거짓말 학교』(저자: 전성희)

청소년 대상 소설이라고 하지만 어른이 읽어도 흥미진진한 스토리 라인을 갖고 있다. '거짓말을 잘하는 기술을 가르쳐준다'는 가상의 특수목적 중학교에서 벌어지는 일들이 중심 내용이다. 진실과 거짓에 대한 촌철살인의 철학이 담긴 문장들이 백미이다.

거짓말과 관련해 좀 더 생각해보게끔 하는 인상적인 부분들을 복사하여 같이 읽고 이야기를 나누었다. 독서를 좋아하는 학생들 중에는 이미 이 책을 읽은 아이들도 있었다. 학교 도서관에 이 책이 없으면 미리 신청해서 구비될 수 있게 한다. 실제로 수업 후 몇몇 학생들은 학교 도서관에 가서 이 책을 빌리기도 하고 직접 구입해서 읽은 아이들도 있었다.

> "믿을 만한 게 없어 보일지 몰라도 믿음은 있어. 믿음 없이 이 세상은 움직일 수 없지. 특히 사람의 마음은 더욱 더 그래. 모든 사람들이 날 보고 거짓말쟁이라고 해도 누군가 한 사람이라도 날 믿어준다면 그것보다 더 큰 힘이 되는 건 없지. (중략) 나는 여러분이 진실을 말하든 거짓을 말하든 믿음을 얻을 수 있는 사람이면 좋겠어. 어설픈 거짓말로 양치기 소년이 되지 말고 말입니다."
>
> ― 소설 「거짓말 학교」 중

내가 가장 좋아하는 구절이며 학생들에게 강조하는 부분이기도 하다. 결국 진실을 말하든 거짓을 말하든 타인에게 신뢰받는 사람이 되어야 한다는 전제가 중요하다. 사기꾼도 타인의 신뢰를 얻지 못하면 그의 작업(?)을 성공시킬 수 없다.

우리는 타인의 신뢰를 얻고 살아가기를 은연중에 바란다. 그 신뢰를 잃어버렸을 때 사회에서 버림받았다는 상실감까지 든다.

"사랑과 신뢰를 받기 위해 우리는 어떤 선택을 해야 할 것인가?"

아이들에게 진지하게 질문해본다. 문학작품을 도덕수업에 활용하면 상당한 효과를 거둘 수 있다. 수업 시간에 책을 다 읽을 순 없지만 몇몇 부분이라도 음미할 수 있으며, 몇몇 학생들은 반드시 수업 시간에 소개해준 책을 읽기 때문이다.

③『우리는 왜 끊임없이 거짓말을 할까』(저자: 위르겐 슈미더)

학생들에게는 이 책의 내용을 간단히 설명해주고 저자가 40일간 진실만을 말했을 때 결과가 어떻게 되었을까 유추해보라고 했다. 이 책은 독일 기자인 '위르겐 슈미더'가 40일 동안 거짓말을 절대 하지 않기로 결심하고 매일 블로그에 그 경과를 올린 포스트를 모아 엮은 것이다. 가령 상사의 말도 안 되는 주장에 순응하는 척하는 게 아니라 면전에 대고 '말도 안 된다'고 한다든가, 친구들과 카드놀이를 하면서 속여서는 안 되므로 자신의 패를 다 보여준다든가, 부인이 '나 예뻐?'라고 물었을 때 솔직하게(?) 예쁘지 않다고 말하는 식으로.

진실만을 말한 슈미더는 직장에서 해고당하고, 카드놀이에서 엄청난 돈을 잃고, 부인과 이혼하게 되었을까? 책을 읽어보면 안다. 그가 아직 살아 있고(?) 이런 책까지 내서 당당히 저자로 이름을 올린 사실로 미루어보면 책의 결론을 알 수 있다.

개인적으로 거짓말을 안 하고 사회생활이 가능한지 궁금해서 이 책을 읽었다. 내용도 참신했지만 문장에 위트가 있어 꽤 재미있게 읽었다. 칸트처럼 진실만 말하고 산다고 해서 반드시 인생에 큰 위험이 닥치지는 않는다는 사례로 들 만하다(이 책을 읽은 뒤 나는 이렇게까지 살 자신은 없지만 '선의의 거짓말'이라는 명목으로 지나치게 거짓말에 관대해진 것은 아닐까 반성하였다).

④ 뉴스 보도 - 거짓말의 최후 "공무원 시험 성적 조작"

거짓말에 관한 수업을 마무리할 때 이 뉴스 기사를 출력하여 함께 읽고 학생들과 자유롭게 이야기를 나눈다. '바늘 도둑이 소도둑 된다'는 지극히 도덕적이면서 당연한 교훈을 준다. 커닝과 관련 있는 사례라서 이 이야기를 해주면 학생들이 집중해서 듣는다. 아래 기사는 2016년 4월 14일 《국민일보》에 실린 글이다.

정부 청사에 침입해 공무원 시험 합격자 명단을 조작한 혐의로 구속된 대학생 송모(26) 씨가 대학수학능력시험 때도 부정행위로 고득점을 받은 것으로 드러났다. 대학에선 허리 협착증 진단서를 위조해 결석 처리를 피했다. 경찰청 특수수사과는 송 씨가 2011, 2012학년도 수능시험에 각각 응시하면서 허위 약시(교정시력 0.16) 진단서로 과목당 1.5배의 시험 시간을 보장받았다고 14일 밝혔다. 진단서는 2010년 8월 27일 한 대학병원에서 "눈이 잘 안 보인다"고 의사를 속여 받은 것이었다. 전날 같은 병원 시력 검사에서 거짓말을 하고도 약시 판정을 못 받자 다음날 다시 찾아가 수능시험 얘기를 하며 의사에게 사정했다고 한다.

뜻대로 저시력 특별대상자로 지정된 송 씨는 광주의 한 특수학교에서 시각장애인들과 시험을 봤다. 2010년 11월 11일 치러진 2011학년도 수능시험 때는 일반 수험생 대상 시험시간을 기준으로 매 교시 직후 답안이 인터넷에 올라오는 점을 이용했다. 저시력자 대상 시험은 아직 진행 중이라 외부와 연락하거나 인터넷을 할 수 있다면 커닝이 가능했다. 이런 문제 때문에 이듬해 11월 치러진 2012학년도 시험부터는 전체 시험 종료 후 한꺼번에 정답을 공개하고 있다.

2011학년도 수능시험 당시 송 씨는 매 교시 볼일이 급하다며 나간 뒤 남자화장실 휴지통 뒤에 미리 숨겨둔 스마트폰으로 인터넷에 접속해 정답을 엿봤다. 대부분 외우고 일부는 쪽지에 적은 뒤 시험장에 돌아와 답안지에 기입했다. 정답을 확인할 수 없었던 1교시 언어영

역만 5등급을 받고 수리·외국어·탐구 등 나머지 영역은 모두 1등급에 들었다. 송 씨는 "더 좋은 대학에 가려고 그랬다"고 진술했다.

(중략)

경찰은 한국사·토익 성적과 함께 지역인재 7급 공무원 시험 응시 요건인 상위 10%의 학과 성적도 조작됐을 가능성을 염두에 두고 조사했지만, 이 역시 혐의점은 발견되지 않았다. 송 씨는 '족보'(주요 기출문제 모음집)까지 만들어 열심히 시험공부를 했다고 주장했다. 교수 가 내준 과제를 충실히 제출한 사실은 확인됐다. 허위 진단서로 인정받은 출석일수를 결석 으로 다시 반영하더라도 성적이 크게 달라질 정도는 아니라고 한다. 교수나 같은 과 학생 들의 평판도 나쁘지 않았다고 경찰은 전했다.

(중략)

경찰 관계자는 "공무원 부모 아래에서 크면서 공무원밖에 생각 안 한 것 같다. 어려서부터 당연히 공무원이 돼야 한다는 생각을 한 듯하다"고 말했다.

포털사이트에 상당히 많은 기사가 있으나 위 기사는 다른 기사들보다도 비교적 상세한 정황이 담겨 있다. 최근에도 모 명문대학교 의대에서 커닝이 적발되어 보도 된 적이 있다. 커닝은 학생들이 가장 저지르기 쉬운 사기 행위 중 하나이다. 학교 시 험에서도 커닝 사례가 1년에 한두 건은 적발된다. 학생들이 커닝의 유혹을 완벽하게 뿌리치긴 힘들 것이다. 그러나 위 기사를 함께 읽고 이야기 나누며 한 번 유혹에 흔 들리면 본래 실력을 쌓을 기회를 잃어버리고 더 큰 대가를 치러야 한다는 걸 깨달을 수 있다.

거짓말 수업 마무리 시간에 이런 말을 하고 마친다.

"얘들아, 결국 도덕이든 뭐든 인생은 선택의 문제야. 뭘 선택할진 본인의 판단이다. 지금까지 네가 살아오면서 쌓은 지식, 겪은 일들, 관련된 사람들, 모든 지식과 지혜를 순간적으로 총 동원하여 어떤 선택을 하게 될 거야. 그 선택의 결과가 장기적으로 너와 너의 사랑하는 사람들에게 행복을 주는 것이어야만 하지. 어떤 순간에 거짓말을 해야 할지 하지 말아야 할지는 너의 선택이다. 솔직히 거짓말을 해서 너를 포함한 많은 사람이 행복해지는 경우도 있을 거야. 어떤 선택을 하든 최대로 좋은 직관을 발휘하기 위해 우리는 배우고 경험하고 생각하고 고민하는 거야."

2장. '돈'을 둘러싼 문제

아이들이 돈에 대한 질문을 하면 '애들이 벌써부터 돈, 돈, 거린다'고 싫어하시는 선생님들도 본 적이 있다. 그러나 이제는 생각을 바꾸어야 한다. 어릴 때부터 돈에 관심을 가져야 한다. 일부 어른들처럼 재테크에 관심을 가지라는 게 아니다. 돈의 본질적인 성격, 돈을 버는 방식과 그에 따른 가치관 선택, 돈을 관리하는 방법, 일반 금융상식, 부의 분배 방식 등에 대해 학교에서 배워야만 한다.

자본주의 사회에서 '돈' 문제를 빼놓고 무얼 이야기할 수 있을까. 돈이 없으면 대부분의 활동이 불가능한 사회이다. '돈'이 최고라고는 결단코 말할 수 없으나 '매우 중요하다'는 견해에는 동감할 것이다. 매일경제 기사에 따르면 경제사범의 비율이 늘고 있다고 한다.

경제 불황이 장기화되면서 교도소에 수감된 경제사범이 급증한 것으로 나타났다. 박주민 더불어민주당 의원이 법무부로부터 제출받은 자료에 따르면 지난 2010년 3월부터 2015년 말까지 사기 및 횡령죄 등 경제사범 수형자는 3,897명에서 6,834명으로 75% 이상(2,937명) 크게 증가한 것으로 나타났다. 이는 장기 경제 불황이 지속되면서 경제난에 허덕이는 이들이 범죄까지 손을 뻗치는 경우가 늘고 있기 때문으로 해석된다. 같은 기간 전체 수형자 숫자는 3만1981명에서 3만5098명으로 약 9% 증가하는 데 그친 점을 고려하면 기타 범죄사범과 비교해 경제 범죄 혐의로 복역 중인 수감자 수가 눈에 띄게 증가한 것이다.

— 《매일 경제》 2016. 9. 22 기사 중

맹자는 '무항산무항심(無恒産無恒心)'이라고 했다. 일정한 수입이 없으면 양심을 지키기 어렵다는 말이다. 자본주의가 아닌 시절에도 현자는 최소한의 생계유지가 인간 품위 및 양심 유지의 기본임을 간파했다. 하물며 '돈'이 근간인 자본주의 사회는 어떠한가. 뉴스를 보면 심심찮게 절도나 살인 등 범죄자 중에도 돈 문제 때문에 범죄를 저지른 사람들이 꽤 있음을 느낄 수 있다. 돈 문제를 잘못 해결하면 비도덕적인 일을 저지를 가능성이 있음을 시사한다.

그래서 도덕 시간에 '돈'에 관련한 주제는 반드시 탐구해야 할 주제 중의 하나이다. 수업의 초점이 '꼭 '마음이 부자인 것이 진짜 부자다', '물질적 가치보다 정신적 가치가 중요하다' 쪽으로 맞춰지는 경향이 있다. 그러나 현실은 '누구나 부자가 되고 싶어 한다', '곳간에서 인심 난다', '여유는 넉넉한 통장 잔고와 두툼한 지갑에서 온다' 쪽에 가깝다. 부자가 반드시 나쁜 것은 아니다. 인품이 좋은 부자도 있으며 부를 축적하는 과정에서 인내심과 봉사심과 절제를 습득하는 사람들도 많이 있다. 돈에 대한 막연한 혐오도, 돈에 대한 막연한 동경도 다 경계해야 한다.

학생들에게 '돈'에 대한 정확한 지식과 관점을 알려주고 이를 통해 학생들이 올바른 가치관을 형성하게 도와주어야 한다. 영국 등 선진국에서는 어릴 때부터 체계적인 경제 금융 교육을 실시한다. '도덕' 수업의 품위(?)를 잃지 않으면서도 얼마든지 '경제 가치관' 교육을 할 수 있다. 수업 시간에 돈 관리에 대한 올바른 가치관을 정립함과 동시에 부의 불평등 및 분배 문제, 사회구조적인 문제에 대해서도 생각해볼 수 있게 차시별 수업을 다음과 같이 구성하여 진행하였다.

차시별 수업 진행

1차시 무인도에서 6명에게 식량 배분하기

2차시 롤즈의 정의론 탐구

3차시 지식채널 <돈> 시청 후 브레인라이팅 - '죽을 때까지 돈이 넘쳐나지만 마음이 걱정으로 가득 차 있고 잔병치레(변비, 비염, 만성 장염 등)가 많은 사람 vs. 죽을 때까지 의식주만 해결할 정도의 돈만 벌지만 마음은 항상 평화롭고 건강한 사람'이 둘 중 하나의 인생을 선택해야 한다면?

4차시 '돈에 대한 고정관념' 파헤치기_돈에 대한 생각 점검 후 영상물 시청 후 토의

5차시 가치관 경매

6차시 이 직업의 임금은 적당한가?

7차시 아리스토텔레스의 '중용' 개념 속 '절제'의 의미 탐구

8차시 모둠 학습 - 보도 섀퍼의 『열두 살에 부자가 된 키라』 읽고 문제 풀기

9차시 유일한 박사 다큐멘터리 시청

10~11차시 유일한 박사 생애 탐구(협동학습) 후 노블리스 오블리주 의미 탐구

1. 무인도에서 평등을 생각하다

'돈' 문제는 곧 '분배' 문제이다. 어떻게 분배해야 공정한 방식인가? 자기 집안이 가난하다고 여기는 아이는 '쟤는 왜 부자고 난 왜 가난할까?'라는 의문을 으레 갖기 마련이다. 어른들도 마찬가지이다. '무전유죄, 유전무죄'니 '누구는 금수저고 누구는 흙수저' 하는 말을 자주 한다. 요즘 학생들은 '흙수저'라는 말의 의미를 알고 있고 가끔 수업시간에 그 말을 쓰기도 한다.

누구는 부자고 누구는 왜 가난할까. 누가 그렇게 만든 걸까.

어린 시절 나의 오랜 의문 중 하나였다. 단순히 '게을러서 가난하고 부지런해서 부자'라는 생각은 잘못되었다. 초고도 자본주의 사회 구조는 개인의 인성 하나만으로 부의 유무가 결정되지 않는다. 자본주의 사회 이전의 부의 분배도 마찬가지이다. 인류 역사를 지배해온 신분제도는 부의 세습을 정당화했다.

나는 학생들이 '공정한 분배'에 대해 어떤 관점을 갖고 있는지 알고 싶었다. 그리고 그들이 부자가 되면 남들을 도와야 한다고 배우지만, 실제 상황에서도 그럴 수 있을까도 궁금했다. '왜 내 돈으로 남 도와줘요?'라고 묻는 아이들도 있다. 그래서 '돈'과 관련한 수업을 할 때 '무인도의 6명에게 식량 분배하기' 활동을 제일 먼저 하기로 결정했다.

수업 흐름

① 학생들에게 '무인도 식량 배분' 첫 번째 학습지를 배부한다.

② 파워포인트 화면으로 무인도에 불시착한 6인을 제시한다(혹은 칠판에 기록해도 좋다).

"25세 남성, 25세 여성, 32세 다리가 불편한 장애인, 85세 노인, 5세 어린이, 46세 말기암 환자(시한부 6개월)"

③ 개별 과제(10분): 공평성을 기준으로 식량을 분배하고 이유를 적게 한다.

④ 각자 의견 발표(5분)

⑤ 학생들에게 두 번째 학습지를 배부한다.

⑥ <읽기 자료>를 함께 읽는다.

⑦ 모둠 과제(15분): <읽기 자료>를 참고하여 식량을 분배하여 모둠 의견을 정한다. 모둠의 견이 정해지면 조장이 나와 칠판에 모둠 의견을 그린다.

⑧ 모둠 의견 공유(10분): 조장이 나와서 칠판에 그린 모둠 의견을 설명한다.

⑨ 차시 예고: 모둠 의견에 정답이 있는지 알아보는 작업은 다음 시간으로 넘긴다.

다음의 상황에서 식량을 공평하게 분배하기

> **- 상황 -**
>
> 비행기 불시착, 생존자는 화면에 제시하고 있는 사람들이다. 비행기에서 떨어져 나온 일주일치의 식량. 무인도에 마땅한 식량 자원은 없다. 식량을 어떻게 나누는 것이 공평할까?
>
> 고려할 점 (1) 구조대는 언제 올지 모름, (2) 생존하여 구조되는 것이 목표임

나의 생각

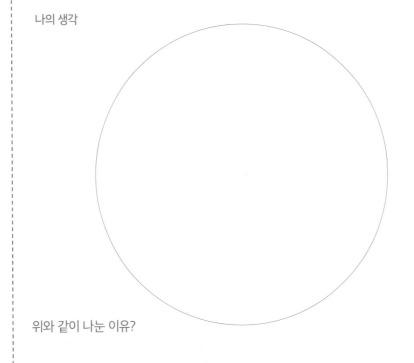

위와 같이 나눈 이유?

다음 자료를 읽어봅시다.

> 우리 몸이 굶기 시작하면 몸속의 탄수화물을 쓰게 된다. 우리 몸속의 탄수화물은 글리코겐 형태로 간과 근육에 저장되어 있다. 굶으면 몸에 쌓인 글리코겐이 에너지원이 되어 우리 몸을 먹여 살린다.
>
> 글리코겐의 저장량은 최대 24시간이다. 굶기 시작해서 하루 정도가 지나면 우리 몸속의 글리코겐이 전부 소진되는 것이다. 몸 안의 글리코겐을 다 썼음에도 불구하고 계속 굶으면 이제부터는 제 살 깎아먹기에 돌입한다. 이 단계에서는 지방보다는 우리 몸의 단백질을 끌어다 쓰는 것이 더 크다.
>
> 단백질은 근육이다. 그래서 굶게 되면 근육에 있는 단백질을 에너지원으로 쓰게 되기 때문에 몸의 근육이 쫙쫙 빠져 나가게 된다.

☞ 사람마다 근육량의 차이가 있을까? 차이가 있다면 어떤 사람이 많고 어떤 사람이 적을까?

3. 모둠 토의

앞의 글을 참고하여 식량을 공평하게 나눠보자

위와 같이 나눈 이유?

이 수업에서는 학습지를 양면으로 주지 않고 단면으로 출력하여 첫 번째 학습지와 두 번째 학습지를 나눠 배부하였다. 왜냐하면 두 번째 학습지에 힌트가 될 만한 읽기 자료가 실려 있기 때문이다. 되도록 학생 스스로 생각해보는 시간을 충분히 가진 뒤 나중에 힌트를 보게 하고 싶었다.

이 수업은 10년 전부터 해왔다. 인터넷과 교과서에 실린 분배 문제를 보고 수정 보완하였다(오래 전 기억이라 출처가 불분명하다. 이와 유사한 문제를 보고 힌트를 얻어 수업에 적용하였다). 이 문제를 처음 접했을 때 나는 젊은 청년에게 가장 많은 몫을 주는 것이 바람직하다고 생각했다. 왜냐하면 청년이 평소에 식사량이 많기 때문이다. 그런데 극한의 상황에서 노인과 어린이가 청년보다 적게 가져가는 것은 옳지 않다는 의견을 읽었다. 생존의 위협을 받는 상황이라면 약자는 지금도 체력이 약하니 그 체력을 보충하는 차원에서 청년보다 더 많은 몫을 가져가고, 청년은 체력이 강하니 적은 몫을 먹어도 된다는 것이다. 당연한 이야긴데 솔직히 그때 망치로 머리를 한 대 맞은 것 같은 충격을 받았다.

도덕교사인 나조차도 입으로는 약자를 배려해야 한다고 가르치면서 극한의 상황에서는 약자 배려를 잊어버린 셈이었으니까. 내가 이런 생각을 갖고 있다면 분명 대부분의 학생들이 노인이나 어린이에게 적은 몫을 줄 것이라고 예상했다(수업하면서 예상은 적중했다. 대부분의 아이들은 젊은 사람에게 많은 몫을 배분했다). 그래서 이성적으로 또 감성적으로 약자 배려의 의미를 다시 한 번 일깨워주기 위해 이 수업을 해야 겠다고 결심했던 것이다.

학급의 절반 정도의 아이들은 건강하고 젊은 사람에게 많은 몫을 준다. 그 다음 많은 의견은 1/6씩 똑같이 분배하는 것이다. 모든 인간은 평등하기 때문에 양의 차별을 줘서는 안 된다는 것이다. 노인에겐 식량을 주지 않거나 매우 조금 주는 아이, 가위 바위 보를 해서 가져가자는 아이도 있다. 이에 따른 이유들도 상상을 초월하는 답변이 나온다. 노인이나 말기암 환자는 곧 죽을 테니 줄 필요가 없다, 장애인은 여기서 쓸모가 없으니 조금만 주자, 게임을 해서 이긴 사람이 갖는 게 정당하다 등. 학급에서 두세 명 정도의 아이들만이 노인이나 어린이, 말기암 환자에게 많은 몫을 주자고 한다.

처음엔 위의 모든 의견들을 다 받아들이고 '옳다, 옳지 않다' 식의 코멘트를 달지 않았다. 때론 비도덕적인 의견이 나오면 나머지 아이들이 야유를 퍼붓기도 했다. 가령 대놓고 '장애인은 쓸모없어, 여기서' 이렇게 말하면 나머지 학생들은 '야, 너무한다'라고 말하지만 솔직히 그렇게 생각한 애들도 많았을 것이다. 아무튼 야유가 나오면 즉각 '경청'과 '수용'의 태도를 강조했다. 그래야지 어떤 의견이든지 자유롭게 나올 수 있기 때문이다. 이런 과정이 다 배움의 과정이다.

10년 동안 이 수업은 수정·보완 과정을 거쳤다. 2018년에는 근무 중인 혁신학교에서 하는 수업공개 날에 이 수업을 선생님들께 공개하였다. 이 수업은 한 번도 공개한 적이 없었는데, 공개한 뒤 타 교과 선생님들의 조언이 도움이 되었다(수업 공개는 꼭 하는 게 좋다). 그 뒤로 수업이 좀 더 정교해졌다. 예를 들면 원그래프 그리는 방식에 대한 조언을 들었다. 사실 지난 10년 동안 원그래프에 분배량을 표시하게 했는데, 해가 갈수록 학생들이 원그래프 그리는 것을 난감해했다. 공개 수업 후에 한 선생님께서 원그래프보다는 '식량 보따리를 몇 개 그려놓고 개수로 분배하게 하는 것이 어떻겠느냐?'라는 의견을 주셨다. 원그래프보다는 식량 보따리 그림 개수로 표현하는 것이 학생들이 편할 것 같아 내년에는 그렇게 해볼 계획이다(책에는 원래 쓰던 방식, 원그래프 그리기를 그대로 실었다).

특히 사회선생님께서 '이 부분은 사회과에서 다루는 실질적 평등·형식적 평등과 연관 있는 부분'이라고 말씀하셨다. 사회과와 도덕과는 같은 교과군이고 실상 많은 부분의 학습 내용이 유사하며 연관성이 깊다. 고로 이 수업은 실질적 평등·형식적 평등을 다루고 있다고 해도 무방하다. '일괄적으로 똑같이 대우하는 것'이 아니라 '상황에 따라 다르게 대우하는 것'이 진짜 평등이라는 점에 수업 포인트를 맞추면 '평등에 대한 탐구'가 될 수 있다. 이런 점에서 이 수업은 타 교과, 특히 사회, 수학와도 프로젝트 식으로 연계해서 할 수 있다.

〈읽기 자료_사람이 굶으면 어떻게 될까?〉는 2019년 처음 학습지에 실었다. 작년까지는 이 자료를 다음 차시에 이야기해줬다. 1차시에서는 학생들의 모둠 토의로만 끝을 내었다. 1차시에서는 의견 나누기에만 초점을 맞춘 것이다. 그러나 올해는 이 자료를 읽게 하고 모둠 토의를 하니 대부분의 모둠에서 약자를 배려하는 쪽으로 정답을 찾아내긴 했다. 이 〈읽기 자료〉를 제시한 수업은 1시간 내로 거의 완결되어 수업 목표를 어느 정도 달성하는 데는 도움이 되지만 흥미는 조금 떨어진다.

〈읽기 자료〉를 제시하지 않은 수업은 학생들이 계속 탐구해나가는 흥미는 있다. 계속 토의하며 설왕설래하고 정답이 무엇일까 추측하여 다음 수업을 기다리는 재미가 있다. 〈읽기 자료〉를 제시하지 않고 힌트도 주지 않을 때에는 모둠별 토의 전에 '1/6씩 나누는 건 정답이 아니다'라고 제시했다. 그래서 조금 더 추론하고 이야기할 수 있게 판을 깔아주었다. 어떤 방식이 더 좋을지는 상황에 따라 다를 것이다. 2가지 방식을 다 써본 나로서는 개인적으로 1차시에는 자유롭게 모든 의견을 말하게 하고 2차시에 읽기자료를 제시한 뒤 여러 가지 의견들의 보완점도 스스로 깨닫게 하는 게 훨씬 좋았다. 또 읽기자료가 나오면 거의 정답이 공개되는 셈이기 때문이다. 읽기자료를 2차시로 넘기면 다음 차시를 학생들이 은근히 기다린다.

칠판에 그린 답은 학생들이 모둠에서 토의한 결과이다. 왼쪽 상단 강민이네 모둠은 노인과 장애인에게 식량의 5분의 1을, 나머지 사람들에겐 각각 5분의 1을 분배했다. 노인과 장애인의 몫은 나머지 사람들보다 덜 준 것이다. 이 모둠에서는 장애인은 무인도 생존 시 활용 가치가 적다는 의견을 꾸준히 피력하는 학생이 있었다. 윗

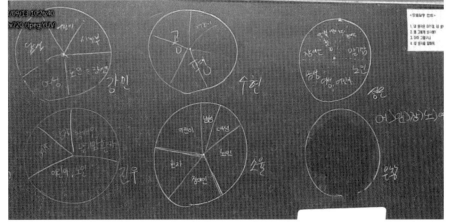

수업 장면(위)과 학생들의 식량분배 모습

줄 가운데 수현이네 모둠은 어린이에게 먼저 몫을 주고 나머지 사람들에게 공평하게 주었다. 제일 약자를 어린이로 선정하였다. 오른쪽 상단 성은이네 모둠은 말기암 환자, 노인, 어린이, 장애인에게 몫을 더 주게끔 그렸다. 이 모둠은 7개의 식량 보따리를 상정하고 6개씩 일단 나눠준 뒤 나머지 1개 식량 보따리를 약자인 환자, 노인, 어린이, 장애인에게 추가로 배분하였다.

아랫줄 왼쪽 진우네 모둠은 젊은 남자에게 가장 적게 배분하였다. 소율이네 모둠도 젊은 남성과 여성에게 비교적 적은 몫이 돌아가게 했다. 아랫줄 왼쪽 은창이네 모둠은 그림으로 표현하기 어려워서 어린이 〉 암환자 〉 장애인 〉 노인 〉 여자 〉 남자, 이렇게 썼다. 이 모둠은 의견 조율에 애를 먹었다. 모둠 활동을 하다보면 한 사람이 의견을 굽히지 않아서 최종적으로 모둠 대표 의견을 정하지 못할 때도 있다. 이런 경우는 억지로 모둠 의견을 정할 필요가 없다고 말해준다. 다만 왜 모둠 의견이 일치되지 않았는지 이야기하라고 한다.

〈읽기 자료_사람이 굶으면 어떻게 될까?〉를 읽은 뒤에 모둠활동을 하면 제시문의 의미 – 근육량이 적은 사람보다 많은 사람이 굶주리는 상황에서 오래 버틴다. 즉 근육량이 적은 사람이 살려면 더 많은 음식을 먹을 필요가 있다 – 를 파악한 아이들이 이해하지 못한 모둠원들에게 설명을 해줄 수 있다. 모둠활동이 끝나면 대부분 약자가 누구인지를 파악하는 데 초점이 맞춰진다. 결국 이 수업의 핵심은 〈읽기 자료_사람이 굶으면 어떻게 될까?〉를 언제 제시하며 그 의미를 학생들이 제대로 파악하느냐에 달려 있다. 모둠활동은 교사의 일방적 설명 없이 학생들이 서로 이야기하며 자료의 의미를 파악하고 '정의의 의미'를 알아가는 데 도움을 준다.

결국 이 수업의 목표는 다음의 2가지를 학생들이 깨닫는 것이다.

① 청년이 보유하고 있는 근육의 양(체력)이 많으므로 근육의 양이 적은 노인과 같은 약자보다는 적게 먹어도 괜찮다. 즉 근육량이 많은 사람이 더 적게 먹고 근육량이 적은 사람이 많이 먹는 것이 공정하다. 왜냐하면 이와 같이 분배하면 모든 사람이 무인도에서 버틸 수 있는 체력 조건을 갖추기 때문이다.
  - 이것을 자원(돈)의 분배 문제로 치환한다면 가난한 사람에게 혜택을 주는 것은 당연하다.
② 근육량이 많은 사람이 더 적게 먹고 근육량이 적은 사람이 많이 먹으면 며칠 뒤까지 최대한 많은 인원이 살아있을 확률이 높다. 그러므로 이 방식은 최상의 결과를 이끌어낸다는 측면에서 효율적이다.

- 복지 혜택을 늘리는 것이 도덕적 해이를 가져와 사회에 해악이라는 주장도 있다. 그러나 최소한의 인간다운 삶의 보장이라는 측면에서는 복지 혜택을 늘리는 쪽이 사회적으로 이득이 될 수 있다고 볼 수 있다. 생존을 보장받아야지만 다른 일들을 도모할 여유가 생긴다. '무항산무항심'의 측면에서 보자면 약자를 배려하는 것은 범죄율 예방에도 도움이 될 것이다. 한 사회의 발전을 '이익'이라고 봤을 때 약자에게 혜택을 주는 것이 좋다.

2. 롤즈에게 묻다: 우리 집은 왜 가난해요?

무인도 식량 배분 수업 바로 다음 차시에 이어지는 수업이다. 이 차시에서는 무인도 식량 배분의 정답도 공개하면서 롤즈(1921~2002)의 이론을 소개한다. 중학교 교과서 '정의' 부분에서도 간략히 롤즈의 사상이 소개되어 있다.

롤즈의 사상을 학생들에게 어떻게 이해시킬까 고민을 많이 했다. 나조차도 롤즈의 사상을 처음 접했을 때 솔직히 이해가 잘 되지 않았다. 특히 어려운 말들 - 원초적 입장, 무지의 베일, 최소 수혜자, 차등의 원칙 등 - 을 최대한 중학생들 수준에 맞는 언어로 이해시키면서 롤즈의 이론을 함께 탐구해야겠다고 다짐했다. 학생들에게 '롤즈' 이론을 소개하는 이유는 '누구는 왜 부자이고 누구는 왜 가난한지'의 이유가 정말 '이유 없음(우연)'이라는 측면을 알게 하기 위함이다.

즉 부자는 반드시 100% 본인 노력만으로 부자가 된 것이 아니라는 것이다. 혹시 가난하게 태어나서 자수성가했다 하더라도 부를 축적하기 위한 천부적인 감각(재능)이 있든지, 그가 경제적으로 위기에 처했을 때 도움을 준 은인들이 있었을 것이다. 가난한 사람은 가난한 부모 밑에서 학력을 향상시키지도 못하고 부의 감각을 키우지도 못하며 그를 도와줄 사람을 만나지 못했을 지도 모른다. 아프리카에서 태어난 아이와 미국에서 태어난 아이가 정녕 모두 똑같은 출발점에서 공평한 조건을 갖고 삶을 시작한다고 주장할 수 있는가. 결국 우리가 이 모든 우연성을 다 배제할 수 없으므로 분배의 차이, 즉 빈부격차는 발생할 수밖에 없다. 다만 이 우연의 결과로 빈부격차가 지나치게 커지지 않게 하기 위해 롤즈는 다음 두 가지를 제시한다.

① 부의 불평등을 인정하되 이 불평등은 사회적 약자의 상황을 개선시킬 수 있을 때만 인정한다. 즉 부자는 가난한 사람들의 가난한 상황을 개선시키기 위해 노력해야만 한다.

② 자유, 평등, 인간존엄성의 권리는 모두 똑같이 혜택을 누린다.

부(富)뿐만이 아니라 어떤 분야의 재능도 마찬가지이다. 양육과 본성 중 어느 것이 더 중요한가, 라는 논쟁은 교육계의 오랜 논쟁거리 중 하나이다. 요즘 나온 결론은 '타고 태어난 재능(혹은 본성)의 비중이 상당히 크며 그것을 수정 보완하기 위한 효과적인 양육 환경이 조성되어야 한다'이다. 그렇다면 한 사람이 가난한 이유는 개인의 성격과 태도의 문제(게으름 등)로만 치환할 수 없다는 것이다. 이러한 원초적인 불평등으로 인한 결과의 차이를 줄여야만 하는 것은 당연하다.

무인도의 식량 배분 문제에 있어서 누구나 똑같이 인간 생존의 조건을 갖춰야 한다는 측면을 부각시킨다면 롤즈의 이론 ②와 맥락을 같이 할 수 있다. 또 ①의 이론에 대해 '노블리스 오블리주'와 연관시키면 '나눔의 정신이 합리적'이라는 결론에 다다를 수 있다.

3. 돈에 대한 고정관념 파헤치기

돈에 대해 학생들이 갖는 생각과 그에 따른 유형분류를 할 때 유튜브 〈higherself Korea〉의 '돈에 대한 고정관념' 영상물과 학습지를 활용하였다. 돈에 대한 고정관념을 체크한 뒤 간단히 발표하여 생각을 들어보고 영상물을 시청하였다.

사람들은 돈에 대해 대부분 극단적인 생각을 한다. 아주 좋은 것 혹은 아주 나쁜 것(모든 도덕적 갈등의 원인이 돈이라는 사고방식). 그러나 돈은 그저 인생을 행복하게 살기 위한 수단일 뿐이다. 〈higherself Korea〉의 '돈에 대한 고정관념' 영상물에서는 돈에 대한 8가지 고정관념을 설명하고 그것을 타파할 것을 주문한다.

돈에 대한 고정관념 8가지

1. **수호자** 돈을 지키려고만 하고 쓰는 것을 불안해 한다.

2. **쾌락주의자** 돈을 마구 쓰며 인생의 목적을 쾌락에 맞추고 있다.

3. **이상주의자** 돈이 모든 문제의 원인이라 생각하며 혐오감을 갖고 있으나 속으로는 돈을 원한다.

4. **절약가** 구두쇠. 물건을 살 때도 품질보다는 싼 것만을 고집한다.

5. **허세** 남들의 시선을 의식하여 물건을 구매한다. 열등감과 낮은 자존감을 갖고 있다.

6. **순진한 사람** 돈에 대한 이해가 부족하고 사기 당하기 쉽다.

7. **보호자** 기러기 아빠와 같은 사람이다. 가족과 타인을 위해서만 극단적으로 돈을 쓰며 가족에 대한 책임감에 사로잡혀 있다.

8. **사업가** 큰 사업을 하며 돈을 많이 벌지만 일중독에 빠져 있다.

이 영상물을 시청한 후 부모님이 어느 유형에 해당하는지 골라보라고 한다. 또 사람들을 관찰할 때 돈을 쓰는 습관과 돈을 대하는 태도를 자세하게 보라고 이야기했다.

영상물은 2편으로 나뉘어져 있는데 학생들이 지루해할 수 있다. 그러므로 영상물 1편을 본 뒤 답을 같이 맞춰보고 그 다음 2편을 이어서 보는 방식을 추천한다. 혹은 1편을 보고 〈학습지-돈에 대한 고정관념 골라보기〉 활동을 한 뒤 2편을 이어서 보면 좋겠다. 조금 지루할 수 있는 영상이지만 추천을 하는 이유는 이 영상이 돈에 대한 사람들의 태도를 잘 분류해서 설명하고 있기 때문이다.

영상을 보고 나서 〈학습지-오은영, "저축 0원" 카푸어족에 '진땀'⋯ 설득 첫 실패 (써클하우스)〉 기사를 읽고 현실 세상 속에서 돈에 대한 고정관념을 가진 사람들을 보고 이야기를 나누는 시간을 가지면 좋을 것이다.

참고로 higherself Korea를 업로드하는 알렉스 룽구는 2021년 「의미있는 삶을 위하여」라는 책을 발간하였는데 의식 성장의 측면과 가치관 점검 차원에서 읽어두면 도덕수업을 하는 교사로서 도움을 얻을 것이라 생각한다.

<보기>는 "돈" 이란 단어를 들었을 때 드는 이미지나 느낌, 생각들입니다. 이 중 여러분이 "돈"이란 단어를 들었을 때 떠오른 이미지나 느낌, 생각 3개를 골라보세요.

<보기>
① 없어질까 불안하다(혹은 돈을 못 벌까봐 걱정된다).
② (무조건) 많이 가지면 좋겠다.
③ 재벌들이 밉다(혹은 부자들이 밉다).
④ 더 넓은 집, 더 좋은 차, 초호화 리조트와 인기를 누릴 수 있다.
⑤ 가져도 가져도 부족하다.
⑥ 아껴야 잘 산다.
⑦ 우리 집은 돈이 없다(혹은 부족하다. 먹고 죽으려고 해도 없다).
⑧ 흙수저, 아이고 내 팔자야, 조상 탓
⑨ 사치, 명품, 된장녀 혹은 된장남
⑩ 봉사, 기부, 명예, 자아실현
⑪ 빚, 신용카드
⑫ 어떻게 버는 건지 잘 모르겠다.

번호	내용

<예시>

번호	내용
⑩	봉사, 기부, 명예, 자아실현
④	더 넓은 집, 더 좋은 차, 초호화 리조트와 인기를 누릴 수 있다.
②	(무조건) 많이 가지면 좋겠다.

돈에 대한 고정관념 -(higherself Korea '돈에 대한 고정관념')

1. 아이들은 돈에 대해 잘 모른다. 모두 부모님의 (   )을 물려받는다. 이는 (   )감을 불러일으키며 결국 돈의 (   )로 만들 수 있다.

2. 돈은 그저 내가 원하는 삶을 살기 위한 (   )이다. 나의 (   ) 상태가 돈으로 반영된다. 돈에 대한 고정관념을 없애면 경제적으로 (   )인 삶을 살 수 있다.

3. 돈에 대한 고정관념

① (   )자: 늘 불안하다. 돈을 (   )해야 한다고 생각한다.

② (   )주의자: 인생을 무조건 즐기자! 더 큰 돈 = 더 큰 (   ) = 더 큰 (   )이라고 생각한다. 빚과 대출, 쇼핑만 떠올린다.

돈에 대한 고정관념
1~4번유형

③ (   )주의자: 돈에 대한 (   )감을 갖고 있다. 돈이 무조건 나쁘고 이 세상 문제는 돈이 만들었다고 생각한다. 이것도 일종의 가짜 (   )심이다. 속으론 (   )을 원하고 있다. 심지어 좋아하는 일을 하면서 돈을 안 받아도 된다고 말한다.

④ (   )가: 무조건 돈만 (   ). 항상 아껴 쓰고 돈만 늘린다. (   )것만 사려고 하고 인생을 즐기지 못한다. 돈 모으기에 (   )되어 있다.

⑤ 허세: 계속 (   )만 사고 비싼 차를 산다. 얼마나 부자인지 보여주는 식이다. 바로 (   )감 때문이다. 이런 고정관념을 가진 사람은 자존감이 (   ). 결국 돈을 쓰는 결정을 자기가 하는 게 아니라 결국 (   )들이 하는 것이다. 왜냐하면 남들에게 어떻게 보일까 생각하므로.

돈에 대한 고정관념
5~8번유형

⑥ (   ) 사람: 돈에 대해 (   )한다. 돈에 대해 아무 것도 모른다고 말한다. 돈에 대한 (   )가 부족하다. (   ) 당하기 쉽다. 돈에 대한 공부가 필요하다.

⑦ (   )자: 자기에게는 돈 한 푼 안 쓴다. (   )을 위해서만 쓴다. 예) 기러기 아빠.

⑧ (   )가: Visionary 큰 사업을 꿈꾸며 세계적으로 유명해지길 꿈꾼다. 강박적으로 일을 한다. 돈에 대한 관리에 소홀해질 수 있다.

⇒ 우리 부모님은 어느 유형인가?(나는 어느 유형인가?)

● 다음 기사를 읽고 물음에 답해봅시다.

오은영, "저축 0원" 카푸어족에 '진땀'…설득 첫 실패 (써클하우스)

　오은영이 카푸어족을 상대로 설득에 실패했다. 일 방송된 SBS '써클 하우스'에서는 '아끼면 똥 된다? 쓰면 거지 된다! 욜로족 VS 파이어족'을 주제로 이야기를 나눴다.

　욜로족을 자처한 노홍철은 "연예인이니 컨디션이 중요하다 생각해 하고 싶은 걸 다 하고 살았다. 계속 신난다. 어제도 제주도에서 놀다 왔다"고 밝혔다. 의외로 리정은 "쓰면 거지 된다" 주의라고 고백했다.

　이날 카푸어족, 욜로족, 파이어족, 무지출 챌린지를 대표하는 써클러들이 등장해 오은영 박사 및 패널들과 토론했다. 카푸어족 ⓒ펑펑이는 "저축을 한번도 해 본 적 없다"고 극단적인 소비 성향을 밝히며 "고작 이자 2% 때문에 적금 드는 게 이해 안 된다"고 주장했다. 또한 저축에 대해서는 "나를 설득해 줬으면 좋겠다. 오늘 못 느끼면 앞으로도 안 할 생각"이라고 부탁했다.

　파이어족을 자처하는 ⓒ소금이와 ⓒ내일이는 월급의 50%에서 85%까지도 저축한다고 상반된 모습을 보였다. 노홍철이 "뚝순이 한가인도 이렇게까지는 못할 것 같다"고 언급하자, 한가인은 동의하며 "저축을 많이 한다고 했는데 30% 정도"라고 말했다.

　28세 펑펑이는 "차를 8번 바꿨다"고 고백했다. 이승기와 노홍철은 "나보다 많이 바꿨다"고 놀라워했다. 리정은 "외제차와 국산차에 차이가 있냐"고 물었고, 펑펑이는 "시선의 차이"라고 대답했다. 또한 "차는 가장 쉽게 나를 보여줄 수 있는 수단"이라고 덧붙였다. 펑펑이는 작년 교통사고로 3개월 동안 세 번의 수술을 거쳐 침상 신세를 졌다고. 그로 인해 현재 국산차를 타고 있다는 펑펑이는 "바꾼 걸 후회한다"며 "차 등급에 따라 나에 대한 평가가 달라지더라"고 말했다. 또한 펑펑이는 음식에도 돈을 아끼지 않는다고 밝혔다. 한가인은 이에 공감하며 "먹는 거엔 아끼지 않는다. 빙수를 먹더라도 다양하게 시켜 놓고 먹는 걸 선호한다"고 말했다.

　오은영은 "펑펑이에게 돈은 자존심인 것 같다. 저축 안 했냐, 주택청약 들어라 참견하는 사람들로부터 내가 잘 살고 있다는 걸 인정받기 위해 좋은 차를 타고 밥값도 내는 것 같다"고 분석하며 "저축이라는 말을 들으면 자존심이 상하는 것 같다. 저축을 '예비

비'라고 단어를 바꿔서 받아들이면 어떨까 싶다"고 제안했다. 이에 펑펑이는 "어찌 됐건 모아야 한다는 말"이라고 당황했다. 오은영은 예기치 못한 반응에 당황하며 "한 번만 더 설득해 보겠다"고 나섰다. 오은영은 "국가 예산에도 예비비라는 항목이 있지 않냐"고 한 번 더 도전했다. 펑펑이는 "무슨 말씀이신지는 알겠다"고 애매모호하게 대답했다. 노홍철은 "설득 실패"라고 말했다.

이에 @리정은 "사랑하는 사람을 지킬 만큼의 예비비는 필요하지 않을까"라고 설득에 도전했다. 펑펑이는 "결혼 생각이 없다"고 완강했다. 리정은 "갑자기 부모님이 아프셔서 수술비가 급하게 필요해진다면 준비된 금액이 있어야 건강을 지킬 수 있지 않겠냐"고 계속해서 설득했다. 펑펑이는 "그건 단 한번도 생각을 안 해 봤다"고 약간의 동요를 보였지만 "보험 들어 드리겠다"고 단호하게 대답했다. @노홍철은 "우리가 비슷한 것 같다"고 밝히며 20대 일화를 꺼냈다. 이어 "나도 사업 초기에 경차를 타고 다니니 신뢰도가 낮더라. '나이 좀 생기면 어떻게 하려고 하나' 똑같은 얘기를 들었다. 그런데 틀린 말이 아니었다. 나를 위해 해 주는 말이지 않냐. 주변 사람들을 걱정시키는 건 폼 안 나는 일이라는 생각이 들었다"고 말했다.

그러자 펑펑이는 처음으로 공감하는 모습을 보였다. 노홍철은 "마음을 먹고 목표를 바꿨다. 집 한 채, 자가용 한 대는 증명한 후에 하고 싶은 걸 하겠다고 생각했다"고 경험담을 밝혔고, 이승기는 "내가 투자자 입장이면 오너 리스크가 너무 크다. 회사의 사업 아이템이 좋아도 망설일 것 같다"고 쐐기를 박았다. 이에 펑펑이는 크게 설득되며 "적금을 50만 원까지 넣어 보겠다"고 다짐했다.

-엑스포츠뉴스. 2022.04.07.

<단어 설명> (출처: 네이버 시사상식사전)
- 카푸어족: 본인의 경제력에 비해 무리하게 비싼 차를 샀다가 경제적으로 궁핍한 생활을 감내해야 하는 사람들
- 욜로족: 현재 자신의 행복을 가장 중시하고 소비하는 태도를 이르는 말로, 'You Only Live Once'의 앞 글자를 딴 용어이다.
- 파이어족: 30대 말이나 늦어도 40대 초반까지는 조기 은퇴하겠다는 목표로, 회사 생활을 하는 20대부터 소비를 극단적으로 줄이며 은퇴 자금을 마련하는 이들을 가리킨다. 이는 2008년 금융위기 이후 미국의 젊은 고학력·고소득 계층을 중심으로 확산됐는데, 이들은 '조기 퇴사'를 목표로 수입의 70~80%를 넘는 액수를 저축하는 등 극단적 절약을 실천한다.

☞ 윗글에 나온 사람들을 higherself Korea 영상에서 제시한 돈에 대한 고정관념 8가지 부류 중 어디에 해당하는지 모둠별로 이야기를 나누고 분류해보자. 그리고 이 사람들에게 부족한 태도는 무엇인지 이야기를 나눠보고 자신의 가족이라면 어떤 조언을 해 줄지 논의해서 적어보자.

	돈에 대한 고정관념 8가지 중 해당하는 것 적기	-> 이렇게 분류한 이유	부족한 태도	내 가족이라면 이 사람을 더 긍정적인 방향으로 바뀌게 하기 위해 어떤 말로 조언할까?
㉠펑펑이				
㉡소금이				
㉢내일이				
㉣리정				
㉤노홍철				

4. 가치관 경매: 10억 분산투자하기

가치관 경매는 도덕교과에서 오래 전부터 널리 활용되는 교수-학습 방법이다. 이 가치관 경매는 여러 차례 해도 학생들이 좋아한다. 스스로 뭔가를 획득하는 과정이 재미있기 때문이다. 인터넷 등에 가치관 경매 학습 자료가 많다. 그대로 활용해도 되지만, 학생들 수준에 맞춰 가치의 목록이나 개수를 조정하는 게 좋다. 인생에서 중요한 가치를 획득하기 위해 자신의 시간과 노력을 얼마나 투자해야 하는지, 그리고 효율적으로 배당해야 하는지를 가늠할 수 있다. 자연스럽게 투자와 배당의 개념을 익힐 수 있고 삶의 가치관을 점검해보기 좋은 수업이다.

수업 후 2개 이상의 가치를 낙찰받은 학생에게 상품을 주었다. 몇 년 전 가치관 경매 수업을 할 때는 정신적인 가치를 낙찰받은 학생들에게 선물을 주었다. 그때 수업의 포커스는 '정신적 가치의 소중함'이었다. 특히 모든 돈을 올인하여 '효도'(당시에는 '효도'라는 가치관을 넣었다)를 구매한 학생을 크게 칭찬하기도 했다. 그런데 지금은 생각이 조금 달라졌다. 전 인생을 투자하여 하나의 가치에만 투자하는 것이 과연 바람직하고 행복한 인생인가 하는 의문이 들었기 때문이다. '돈'에 대한 수업의 일환으로 하는 가치관 경매이므로 자원(시간과 돈)을 균형 있게 분배하는 쪽에 포커스를 맞추는 게 좋다는 생각을 해본다.

내 삶의 소중한 가치는?

(가치: 삶에서 중요하다고 생각하는 것 - 가치가 높다고 판단하면 삶에서 꼭 이루고 싶어함)

1. 다음에 제시한 가치 중 삶에서 꼭 이루고 싶은 것 5개를 골라 1~5위까지 순위를 매기시오.

2. 고른 5개의 가치에 10억의 돈을 배당하시오.

(1위 > 2위 > 3위 > 4위 > 5위)

가치	내용	나의 순위	배정 금액	낙찰액
결혼	내가 원하는 이상형과 만족스러운 결혼			
자유	내가 원하는 것을 원하는 때 하는 자유			
영웅	나라의 운명을 바꾸는 사람이 되는 것			
우정	친구에게 신뢰와 사랑을 받는 것			
자신감	삶을 긍정적으로 바라보는 자신감을 갖는 것			
가족	행복한 가족 관계			
매력	세계 제일의 매력쟁이			
건강	병에 걸리지 않고 건강하게 오래 사는 것			
지식	똑똑해지고 만물의 원리를 깨우침, 현실에서 필요한 자격증 소유			
종교	만족스러운 신앙 생활			
돈	생활을 윤택하게 하는 돈을 버는 걱정 없는 삶			
자연 보호	깨끗한 자연환경을 후손에게 물려주는 것			
평등	우리 사회 모든 사람들이 경제적으로 안정되게 사는 것			
리더십	한 조직의 리더가 되어 멋지게 조직을 이끌어감			
봉사	타인의 성장을 돕고 어려움을 보완해주는 삶			
지혜	누구에게도 속지 않는 지혜			
인간 관계	학교, 회사, 친구, 가족들 등 나를 아는 사람들과 진정한 관계를 맺는 것			

직업	내가 원하는 직업에서 성공하는 삶			
음식	세상 모든 미식을 즐길 수 있는 삶			
화술	어떤 사람 앞에서도 내 이야기를 조리 있고 재미 있게 당당하게 말하는 재주			
미모	많은 사람들이 예쁘다, 멋있다고 말하는 절대적 인 외모			
유명	셀럽-모든 사람들이 아는 유명인이 되는 것			
재주	그림을 잘 그리고 무슨 물건이든지 잘 만드는 것			
공부	내가 노력한 만큼 잘 암기되고 시험도 잘 보는 마 법의 볼펜 소유			
운동	운동의 신, 탁월한 운동 지능 소유			
시간	타임머신 타고 맘대로 이동			
백수	아무 때나 먹고 자고 놀고 게임하고 휴대폰 하면 서 노는 삶			

3. 경매에 참여

① 1차 경매: 반드시 자신이 원래 기록했던 가치만을 구매해야 한다. 구입하게 되면 낙찰 받은 액수를 기록한다.

③ 2차 경매 후: 자신이 원래 정한 가치가 아닌 다른 가치를 살 수 있는 기회 부여.

4. 경매 후

-다음 표를 기록해 봅시다.

내가 1차로 정한 가치 중 낙찰받은 것	내가 1차로 정한 가치 중 낙찰받지 못한 것

- 2차로 선정해서 낙찰받은 가치는? ☞

- 우리 반에서 가장 경쟁이 치열했던 가치는? ☞

5. 1, 2차 경매를 통해 최종 구매한 가치의 단어를 넣어서 가상 인생 스토리를 꾸며봅시다.

_____의 인생 스토리

6. 친구들끼리 인생 스토리를 읽고 가장 멋진(!) 인생 스토리를 뽑아봅시다.

수업시간에 경매에 열의가 넘치다보니 인생 스토리를 적는 시간이 부족한 학급도 생겼다. 그리고 학생들은 뭔가를 꾸며서 적는 것에 부담을 갖고 있기 때문에 간단한 예시를 미리 제시해야 한다. 가치를 단 한 개도 구매하지 못한 학생들은 사고 싶었던 가치들 5개로 가상 인생스토리를 꾸며보도록 했다.

5. 아리스토텔레스의 '절제' 의미 탐구: 돈 잘 쓰는 법

아리스토텔레스의 '중용'의 행동 기준은 사람에 따라 상황에 따라 가변적이다. '돈'의 지출에 관한 것을 예로 들면 다음과 같다. 통상 재벌이라 칭하는 큰 부자가 100만 원의 불우이웃돕기 성금 내는 것을 아까워한다면 이것은 '중용'의 행위 즉 절제의 행위로 볼 수 없다. 이것은 구두쇠 혹은 짠돌이로 분류할 만한 행위이다. 만약 월수입이 거의 없는 극빈층이 자기 가족의 의식주를 살 돈을 다 털어 불우이웃돕기 성금을 냈다면 어떨까? 이런 행위는 자기희생이나 봉사라는 말로 미화할 수 없으며 오히려 '사치'라는 단어가 적당할지도 모르겠다. 물론 아리스토텔레스의 주장에 따르면 이 역시 '절제'로 볼 수 없다. 극빈층은 자신과 가족의 안위를 돌보는 것이 우선이며 불우이웃돕기 성금을 안 내는 것이 중용의 덕을 지키는 것이다.

철학적 글을 읽는 것은 중학교 학생들에게 고통(?)스러운 일이 될 수 있지만 가치있는 일이다. 어려운 개념을 이해시키고 모둠활동을 통해 '중용'에 담긴 경제적 절제의 의미를 이해했는지 탐구해보자. 이 수업의 대상은 중학교 2학년 이상으로 하는 것이 좋다.

1. 다음 글을 읽고 모르는 단어에 밑줄쳐봅시다.

아리스토텔레스 이론에 따르면 '중용'이란 최고선에 이르는 인간의 도덕적인 성향을 다른 성향과 구별하게 해주는 가장 특징적인 것이다.

'중용'의 의미는 강한 것과 약한 것을 피해 중간에 위치할 자리를 찾아내는 일이 아니다. 아리스토텔레스는 '중용'에 대해 "마땅히 그래야 할 때, 또 마땅히 그래야 할 일에 대해, 마땅히 그래야 할 사람에 대해, 마땅히 그래야 할 목적을 위해서, 또 마땅히 그래야 할 방식으로 감정을 갖는 것은 중간이자 최선이며, 바로 그런 것이 탁월성에 속하는 것"이라고 말한다.

"중용은 이성(logos)에 의해, 실천적 지혜를 가진 사람(phronimos)이 규정할 그런 방식으로 규정한 것"이라며, '중용'을 규정하는 것이 참으로 간단치 않음을 강조하고 있다.

그러면 실천적인 덕목이란 무엇인가. 이와 관련, 아리스토텔레스는 '용기'를 가장 먼저 논한다. 여기서 말하는 '용기'란 두려움이라는 감정과 관련된 것이다. 두려움이 지나치면 비겁이 되고, 너무 없으면 만용이 된다. 둘 다 악덕이고, 두려움이 그 중간에 위치하도록 조절해야 '용기'가 성립되는 것이다.

용기 다음에는 '절제'가 논의된다. 용기가 두려움과 관련된 것인데 비해 '절제'는 즐거움과 관련된 것이다. 즐거움에 너무 탐닉하는 것이 무절제, 방종한 것이고, 또 너무 무심한 것이 몰취미다. '절제'란 그 중간 적절한 선에서 즐거움을 누리는 것, 그러나 약간은 후자 쪽에 가까운 것으로 설명한다. 절제 다음으로 '관대함'과 '통 큰 것'이 논의된다. '관대함'은 인색하게 돈을 너무 아끼는 것과 헤프게 쓰는 것의 중간 성향으로 약간 쓰는 쪽에 기울어진다.

— https://www.sciencetimes.co.kr(이태수 교수의 니코마코스 윤리학 강연 -2009. 6. 16 "행동하지 않으면 행복도 없다" 중 일부 발췌)

① 어려운 단어를 밑줄쳐보자.

② 모둠 안에서 어려운 단어를 서로 물어보고 뜻을 이해해보자.

③ 모둠 안에서 최종적으로 뜻을 알아내지 못한 단어가 무엇인지 적어보자.

_____

④ 최종적으로 뜻을 알아내지 못한 단어의 뜻을 교사에게 묻고 이해한다.

2. 다음의 사례가 '지나친 행위'라고 생각하면 '오바', '능력에 비해 부족한 행위'라고 생각하면 '부족', 적절하다고 생각하면 '중용'이라고 기록한 뒤 발표해봅시다(모둠 생각 기록 시 모둠원이 합의하지 못한 경우 빈칸으로 둔다).

사례 예시	나의 생각	모둠 생각
1. 재벌이 불우이웃돕기 성금 1,000만 원을 내며 아까워한다.		
2. 가족들의 의식주가 해결되지 않은 상태에서 불우이웃돕기 성금 100만 원을 낸다.		
3. 1년에 17억을 버는 유튜브 크리에이터가 방송 촬영 업그레이드를 위해 3억 원을 투자한다.		
4. 수익이 전혀 없는 신생 유튜브 크리에이터가 방송 촬영 업그레이드를 위해 은행 대출을 받아 3억을 투자한다.		
5. 한 달에 150만 원을 버는 편의점 알바 대학생이 한 달에 20만원씩 저축하여 1년 뒤 240만 원 짜리 명품을 구입한다.		
6. 10억대의 자산가가 화장실 내리는 물을 아끼기 위해 용변을 반드시 다른 장소(관리사무소 등)에서 본다.		

7. 아프리카 아이들을 돕기 위해 은행 대출을 내어 1억 원을 유니세프에 송금하였다.		
8. 한 달에 300만 원을 버는 사람이 점심값을 아끼기 위해 친구나 동료들에게 자신의 밥값과 커피값을 내게 한다.		
9. 한 달에 250만 원을 버는 사람이 출퇴근 버스비를 아끼기 위해 1시간 거리를 걸어 다닌다 (하루 2시간 걸음)		
10. 친구의 결혼식장에 초대되어 축의금 5만원을 내고 자신의 애인을 데리고 가서 예식장 밥을 먹었다(예식장 식사비 1인당 3만 5천 원)		

3. 아리스토텔레스의 '중용'의 덕은 돈 문제뿐만이 아니라 분노표현의 문제, 나설 때와 나서지 말아야 할 때의 문제 등 인생의 여러 부분에 있어서 적절한 행위를 찾아야 할 때 생각해볼 수 있습니다. 다음의 행위들에 대해서도 '중용'의 태도란 무엇인지 생각해 봅시다.

① 수영을 못하는 사람이 물에 빠진 사람을 본다면?

② 119 구조대원이 물에 빠진 사람을 보고 119에 신고한다면?

③ 으슥한 골목에서 누군가 폭력을 당하고 있는 것을 목격한 중학생은?

④ 노래방에서 사람들이 흥겹게 놀고 있는데 어울리지 않고 그 안에서 홀로 수학문제를 푼다면?

⑤ 커닝을 한 것이 적발된 뒤 교무실에 와서 낄낄거리며 웃고 전혀 반성하지 않은 것은?

2번 10가지 사례 예시 중 3번, 5번, 9번, 10번의 경우는 학생들의 생각이 일치하지 않았다. 답이 일치하지 않는 사례는 관점에 따라 중용인지 아닌지가 달라진다는 의미다. 이런 사례들은 토론 소재로 적합하다. 다양한 이야기들이 나오기 때문이다.

가령 '3번 17억 수익의 유튜버가 3억의 투자를 하는 사례'는 대다수의 학생들은 중용이라고 답했으나, 일부는 투자비용이 수익의 1/6 정도인 것은 지나치다는 생각을 말했다. 나 역시 처음에는 중용이라고 생각했다. 그런데 만약 수익 3,000만 원이라면 500만 원을 투자하는 상황은 어떨까 생각해보았다. 이런 식으로 단위를 낮춰 생각하니 어쩌면 조금 지나치게 느껴지기도 했다.

'5번 편의점 알바생의 명품가방 구입'은 남에게 피해를 주지 않았고 자기 돈으로 구입한 것은 적절하다는 의견도 있었다. 나는 학생들에게 '대학생이 갖고 다녀야 할 가방은 얼마짜리가 적절한가?'라고 질문했다. 에코백, 10만~30만 원 정도의 가방 등을 답변했다. 어떤 학생이 검정 비닐봉지라고 답변하자 모두 웃었다. 비닐봉지를 가방으로 갖고 다니는 건 중용이 아니라고 모두들 직감했기 때문이다. 나는 대학생이 갖고 다녀야 할 가방의 기준은 없다고 말했다. 다만 사례의 상황이 '대학생이 알바 월급을 다 쓰고 아버지 신용카드로 가방을 사는 것'이라고 바꾸면 어떨까?'라고 질문했더니 모든 학생들이 그것은 '오바'라고 답했다.

'9번 교통비를 아끼기 위해 2시간을 걷는 사례'는 '돈도 아끼고 건강도 챙겨서 중용이다'라는 의견과 '시간이 너무 아깝다, 다른 생산적인 일을 하자'는 의견이 나왔다. 나는 '부족'이라고 생각한다. 대학생 때 알바를 다니면서 왕복 2시간을 걸어본 경험이 있는데 건강해진다는 느낌보다는 체력이 소모된다는 느낌이 강했기 때문이다. 차라리 편하게 출퇴근을 하고 휴식을 취하는 게 낫다는 생각이 들었다. 저마다 체력과 상황에 따라 판단은 다를 수 있을 것이다.

'10번 사례 축의금의 상황'은 학생들 중 일부가 정확하게 이해하지 못하는 측면이 있었다. 아이들은 직접 축의금을 내지 않기 때문이다. 그래서 토의 후 축의금 문화에 대해 설명을 해주었더니 '중용'에서 '부족'으로 답을 바꾸는 아이들도 있었다. 어떤 여학생은 학습지에 중용, 오바, 부족 – 그 어떤 말도 쓰지 않고 '나쁜 놈'이라고만 적기도 했다. 아직은 순수한 마음을 가진 아이들은 축하해주러 온 게 어딘데 돈을 따지냐고 묻는 경우도 있었다. 나는 이미 어른들의 세계에 발을 담근 사람이고 당연히 이 사례는 중용이 아니라고 생각한다. 학생들에게 축의금 문화에 대해 설명하며 요즘에는 작은 결혼식을 하는 경우도 있으며 축의금을 안 받는 사람도 있다고 했더니 '그거 좋네요'라고 긍정적인 반응을 보였다.

다시 말하지만 위의 10가지 사례 중 답이 일치하는 사례도 있지만, 일치하지 않는 것도 있다. 일치하는 사례보다는 일치하지 않는 사례에 대해 이야기 나누고 서로의 의견을 듣는 것이 유익하다. 생각의 갈래가 다양한 사례는 정해진 답이 없다. 만약 이것을 서술형 시험 문제로 출제한다면 사례를 하나 제시하고 중용인지 아닌지 자신의 주장과 그 합리적인 근거를 쓰라고 할 것이다. 이렇게 출제하면 좋은 문제가 될 수 있다고 본다.

6. 이 직업은 얼마를 받아야 할까?

분배의 관점에서 직업 차별의식이 생기는 근본적 이유(임금 차별)에 대해 탐구해보고자 실시한 수업이다. 학생들은 어떤 직업이 얼마를 버는지 상당히 궁금해 한다. 당돌한 녀석들은 '선생님은 한 달에 얼마 벌어요?'라고 묻는다. 왜냐하면 '돈' 문제는 학생들이 관심 갖는 문제이고 바로 앞에서 살아 숨 쉬는 사람의 이야기를 듣고 싶어하기 때문이다. 학생들의 현실적 돈 감각은 매우 부족하다. 심지어 부모님이 한 달에 얼마를 버는지를 모르는 경우도 허다하다. 학생들이 임금 불평등의 현실을 알 수 있고, 불평등을 개선하기 위해 임금 체계를 어떻게 조정해야 하는지 실제로 탐구해볼 수 있는 수업이었고 반응도 좋았다.

수업 흐름

① 각 직종 임금이 적혀진 표를 나눠주고 함께 읽으며 임금의 적정성에 대해 자신의 의견을 자유롭게 말하게 한다. 왜 이 직종이 이만큼의 임금을 받는지 함께 이야기 나눠본다.

② 모둠별로 각 직종의 임금 중 수정할 부분을 찾아 '적정한 임금'이라고 생각하는 액수를 기록한다.

③ 교사는 학생들이 토의하고 있는 동안에 칠판에 가장 논란이 되는 몇 개 직업을 적어놓고 모둠 토의가 끝나면 조장이 모둠 의견을 적을 수 있게 한다.

④ 토의가 끝난 모둠은 조장이 나와서 칠판에 있는 직업들의 모둠에서 정한 임금 액수를 기록한다.

⑤ 기록이 다 끝나면 왜 이렇게 정했는지 모둠별로 발표하게 한다. 적정한 임금에 대해 자유

롭게 이야기를 나눈다.

교사는 각 반의 각 모둠에서 나온 임금 액수를 기록한 뒤 모든 학급이 수업이 끝난 뒤 평균치를 계산하여 알려줄 수 있다. 이 수업은 2008년과 2014년, 그리고 2018년에 실시하였다. 대부분의 학생들은 연예인들이 지나치게 고소득이라고 생각하여 임금을 깎았고, 육체노동자나 9급 공무원 직종에는 지금보다는 더 많은 임금을 책정하였다.

몇 년 전 이 수업 학습지를 만들 때 힘들었던 점은 의외로 임금 평균치를 알 수 있는 객관적인 데이터를 찾기 힘들다는 거였다. 각 직종별 임금을 찾기 위해 수많은 인터넷 자료를 뒤졌다. 다행히 몇 년 사이에 비교적 믿을 만한 직종별 임금 데이터가 많이 늘어서 이번에는 비교적 손쉽게 직종별 임금을 알 수 있었다.

실제 수업할 때는 특정 연예인의 이름을 넣었는데, 이 책에서는 그럴 수 없어 직종만 표시했다. 수업할 때 상황에 맞춰 특정 연예인의 이름을 넣는 것도 흥미를 불러일으키는 한 요소이다. 또 몇 년 전과는 달리 2018년엔 학생들이 관심 갖는 직업 중 BJ나 유튜브 크리에이터 등이 생겨서 추가했다.

드라마 주인공 출연료를 찾다보니 인기 드라마 주인공이 총 제작비의 약 10% 가까이를 출연료로 가져간 사례도 있었다. 능력 있고 유명한 사람이기 때문에 가져가도 된다는 의견도 있지만 만약 드라마 시청률이 낮을 경우 투자금을 회수하지 못해 조연이나 스태프들의 임금이 체불되는 사태도 종종 발생한다(일본의 경우 2016년 한 잡지에 공개된 드라마 주인공 출연료 최고 액수는 한화로 약 5,000만원(1회)이었다). 특정 한 사람이 유명하다는 이유로 자본을 독식하는 것이 과연 정당한 일인지, 또 그 결과가 좋지 않을 때 그 피해를 약자들만 보는 것에 대해서 어떻게 생각할 것인지 충분한 논의가 필요하다. 학생들은 모 탤런트 1회 출연료가 1억 5천만 원이라는 사실을 듣자 대부분은 아무리 유명하고 그 사람 때문에 판권이 많이 팔린다고 할지언정 그 금액은 지나치게 많다고 말하였다.

2018년 Y중학교 2학년 4개 반(98명)이 논의한 적절한 임금(평균 계산)

	기존 임금	논의 후 평균 임금	비고
중고등학교 교사	190만 원(1달/처음 시작)	218만 원	UP
유명 MC	1,000만~1,500만 원(1회)	1,225만 원	=
드라마 주인공	1억5천만 원(1회/최대 금액)	7천만 원	DOWN
엑스트라(보조출연자)	1일 5만 원(2012년)	13만 원	UP
아파트 경비	196만 원(1달)	243만 원	UP
어린이집 교사	159만 원(1달)	216만 원	UP
유튜브 크리에이터	3만 원(10만명 조회 시)	5만 원	UP
시간당 최저임금	7,530원(2018년) /8,350원(2019년)	9,900원	UP

★ 학습지

연번	직종	임금	모둠에서 정한 임금	비고
1	9급 공무원	1달 약 170만 원		9급 1호봉 (2022년 기준)
2	대기업 신입사원	1달 약 333만 원		연봉 4000만 원
3	중소기업 신입사원	1달 약 200만 원		연봉 2500만 원 전후
4	초중고 교사	1달 약 190만~200만 원		첫 발령 9호봉
5	의사	1달 약750만 원		성형외과 (2013년 기준) 연봉 약 9000만 원
6	1인자 MC	1회 1,000만~1,500만 원		보통 유명한 MC의 경우 600만~1000만 원
7	드라마 1회 출연료 (주인공)	1회 1억 5천만 원		주인공
8	엑스트라	기본 1일 5만 원		식대 5000원 추가 지급(2012년)
9	아파트 경비	1달 약 196만 원		
10	건물청소 하시는 분	1달 약 150만~180만 원		2015년
11	프로야구 선수	1달 약 1,250만 원		평균 연봉 1억 5천 26만 원
12	어린이집 보육교사	1달 약 159만 원		2017년, 사립어린이집
13	유튜브 크리에이터	10만명 조회시 3만 원		-업체마다 수익기준 다름/ 10만 명 -정기구독자 있는 경우 안정적 수입 보장
14	대통령	1달 약 2,000만 원		연봉 2억 4천만 원 (2022년 기준)
15	국회의원	1달 약 1,280만 원		연봉 1억 5,000만 원 (2022년 기준)
16	시간당 최저임금	1시간 9,160원		편의점, 패스트푸드점 PC방 알바 등 (2022년 기준)

7. 『열두 살에 부자가 된 키라』 읽기: 현실의 돈 문제

보도 섀퍼가 쓴 『열두 살에 부자가 된 키라』는 어린이에게 돈 관리 방법을 알려주는 동화이다. 대상 독자층이 어린이라고 하지만 책에 담긴 내용은 어른들에게 주는 지침과 같다. 이 책은 돈을 관리하는 방법을 제시하면서 동시에 목표를 설정하고 끈기를 갖고 지켜내는 태도와 인내심을 이야기하고 있다. 그래서 학생들이 바람직한 가치관을 세우도록 유도할 만한 참고 자료 정도로 활용할 만하다. 이 책은 2001년 출간되었고 베스트셀러를 넘어 스테디셀러임에는 분명한데, 요즘 학생들 중 읽은 사람은 드물다. 2014년 수업 당시 2학년 180여 명의 학생들 중에서 이 책을 읽은 학생은 1명에 불과했다. 수업 시간에 소개하고 난 뒤 도서관에서 이 책을 빌려본 학생들이 꽤 늘어났다. 동화 형식이라 책 읽기를 싫어하는 학생조차 접근하기 쉽다는 장점도 있다.

수업 흐름

① 읽기(10분)_『열두 살에 부자가 된 키라』를 학생들에게 배부한 뒤 10분 읽게 한다.

② 개인별 과제(10분)_학습지를 배부하여 문제를 풀게 하고, 부자가 되고 싶은 이유 5가지를 기록하게 한다.

③ 모둠 활동(10분)_개인별 기록이 끝나면 모둠별로 부자가 되고 싶은 이유 5가지를 돌아가면서 말한 뒤 가장 '감동적이거나, 재밌거나, 의미가 있는' 이유를 5가지 골라서 쓰게 한다.

④ 발표(10분)_모둠활동이 끝나면 조장이 앞으로 나와 자기 모둠에서 뽑힌 부자가 되고 싶은 이유 5가지를 발표한다. 교사는 조장이 발표하는 '이유' 중 특이하거나 더 의미 있다고 여

겨지는 이유를 칠판에 기록해본다(혹은, 조장이 5가지를 칠판에 모두 적게 하여 학급 전원이 볼 수 있게 한 뒤, 학급 구성원 전체와 그것을 읽으며 이야기 나눌 수도 있다).

⑤ 마무리(5분)_책을 읽고 푼 문제의 정답을 함께 말하며 확인한다.

'빚 있는 사람들이 해야 할 일 4가지

1. 신용카드 없애기

2. 매달 갚는 금액을 낮출 것(최대치로 정하면 오히려 빚을 더 지는 경우가 발생)

3. 현재 가지고 있는 현금에서 50%는 저축하고 나머지 50%는 꼭 필요한 소비를 위해 사용할 것. 불필요한 소비를 하지 말 것.

4. 지갑에 '정말 꼭 필요한 것인가?'라는 문구를 써서 붙인 뒤 지출 전에 생각해볼 것.

— 『열두 살에 부자가 된 키라』 중

『**열두살에 부자가 된 키라**』를 읽고 다음 문제를 푸시오.

1. (O X 문제) 키라 엄마는 이 세상에 가장 중요한 것은 돈이라고 했다.

    ☞ _____

2. 중국 속담에 '큰일은 _____일 때 시작하라. 모든 큰일은 _____에서 시작한다'는
   말이 있다.

3. 키라는 부자가 되면 하고 싶은 일을 다음과 같이 적었다. 다음 밑줄을 채우시오.

    ① 기어장치가 18단인 _____를 사기 위해

    ② 내가 원하는 _____를 마음껏 사기 위해

    ③ 오랫동안 갖고 싶었던 _____를 사기 위해

    ④ 200킬로미터나 떨어져 살고 있는 친구와 실컷 전화하기

    ⑤ 여름에 _____으로 가는 교환학생 프로그램에 참여하기 위해

    ⑥ 부모님께 ____을 선물로 드리기 위해

    ⑦ 부모님께 _____에서 식사를 사드리기 위해

    ⑧ 나처럼 _____을 돕기 위해

    ⑨ _____을 사기 위해

    ⑩ _____를 사기 위해

내가 지금 부자가 되고 싶은 이유는?

1.

2.

3.

4.

5.

포털사이트에 '20대 신용카드 빚'이라고 검색어를 치면 많은 젊은이들이 신용카드를 썼다가 빚을 지고 상담을 의뢰한 글을 올린 것을 볼 수 있다. 아이들은 부모님들이 신용카드를 쓰는 것을 보고 자랐다. 어른이 되어서 일단 신용카드를 쓰고 보자는 태도를 가질 수 있다. 신용카드 빚이 감당이 안 되어 대부업체를 통해 돈을 빌려서 빚이 더 늘어나기도 한다. 신용카드의 사용 방법, 그 운용 원리 등을 알고 '절제'와 '인내'의 미덕을 깨우칠 필요가 있을 것 같다.

8. 인물학습: 유일한 박사의 노블리스 오블리주

7차 교육과정 도덕교과서에 '유일한 박사'가 소개된 적이 있다. 그는 민족 발전을 위해 기업을 세웠다. 일제시대에는 독립운동 자금을 댔고 서슬 퍼런 독재 정권 하에서도 정경유착의 타협을 하지 않았다. 청렴하게 기업을 운영한 뒤 유산 전부를 사회에 기부한 '노블리스 오블리주'의 산 증인이다. 부자가 되어서 돈을 가치 있게 쓸 수 있다는 걸 학생들에게 알려주고 싶어서 유일한 박사는 반드시 집중 탐구한다.

영상 시청 시간에 KBS 인물현대사 프로그램을 구하기 어려운 경우 유튜브에 올라온 연합뉴스에서 방영한 25분짜리 〈성공다큐-정상에 서다 41회: 유한양행 91년… 건강한 동행을 꿈꾸다〉도 시청하기 좋다. 인물현대사는 개인적으로 편집을 해서 35분 정도로 시간을 맞추었지만, 연합뉴스 성공다큐는 25분이기 때문에 굳이 편집하지 않아도 된다.

수업 흐름

① 1차시: 〈성공다큐-정상에 서다, 41회〉를 시청하며 유일한 박사의 일생과 품성에 대해 다 함께 알아본다. 차시 예고 시 모둠 구성표를 보여준 뒤 모둠 구성을 알려주는 것이 좋다.

② 2차시: 모둠 학습(자세한 흐름은 2부. 3장에서 소개함).

③ 3차시: 지난 시간 학습지를 함께 읽고 문제와 정답을 확인하면서 유일한 박사의 일생과 품성에 대해 알아본다.

[성공다큐-정상에 서다] 41회 : 유한양행 91년…건강한 동행을 꿈꾸다

1. 국민 건강을 위한 제약회사를 설립한 현대적 제약기업 창시자 (   ) 박사에 관한 영
   상물이다. '유한양행'은 국내 최초 (   ) 경영인 체제를 도입하였다. 제약업계 최초
   매출 (   ) 조원을 돌파하기도 했다.

2. 유일한 박사는 "건강한 국민만이 잃어버린 (   )을 되찾을 수 있다"고 말하곤 했다.

3. 일제 강점기는 일본의 제약회사들이 독점하고 있었다. 이를 안타깝게 여긴 유일한 박
   사는 사랑하는 (   )을 가기로 결심했다. (   )년 제약회사를 설립했다.
   유한양행의 마크는 (   )이 만든 것이다.

4. 유일한 박사의 목표는 '가장 좋은 상품을 만들어 국가와 (   )에게 도움을 주자'
   는 것이었다. 당시 우리 민족은 위생에 취약한 생활환경 속에서 살고 있었다.
   외국 수입약에 의존하기 보다 자체 의약품을 개발하기로 결정한 유일한 박사는 1933
   년 국산 의약품 1호 (   )을 개발하기에 이른다.

5. 부인은 중국인 (   )과 의사 '호미리' 여사인데 유일한 박사가 의약품을 개발하는
   데 도움을 주셨다. 당시 제약회사는 광고는 과장 광고가 많았는데 유한양행은 약 효
   능을 확실히 기록하고 의약품의 사용을 (   )와 상담하라고 권유하는 정직한 광
   고를 했다. 안티푸라민은 개발된지 80년이 넘어가지만 오히려 매출이 (   )하고 있다.

6. 유일한 박사는 (   ) 사업에 관심이 많았다. 그는 돈을 벌게 해준 사회에 (   )하겠
   다는 생활 철학을 갖고 있었다. 그리고 학생들에게 (   )을 주기도 했다. 1963년에는
   (   )정-현재는 삐콤씨-이라는 의약품을 출시하였다. 1960년대에도 한국인들은 배고
   픔에 시달리고 영양이 부족했다. 특히 비타민 (   ) 결핍이 심했다. 삐콤정은 비타민B

를 보충해주는 것이었다. 이 약은 우리 기술력으로만 만든 최초의 비타민제이다.

7. 한 기업의 오너였던 유일한 박사가 남긴 유품은 양복 (   ) 벌과 낡은 구두 한 켤레였다. 그가 남긴 6장의 자필 유언장에는 다음과 같이 적혀 있었다.

"아들은 대학까지 졸업시켰으니 (   )하라"

"손녀에게는 대학 졸업할 때까지 학자금 (   )만 달러를 준다."

유일한 박사는 전 재산을 사회 (   )한 청렴한 기업인이다.

8. 유일한 박사는 국내 최초 경영을 대물림하지 않고 (   ) 경영인 체제를 도입하였다. 그는 기업은 내가 소유한 것이 아니라 사회로부터 (   )받은 것이라고 생각했다. 기업의 사회적 역할에 대해 끊임없이 생각하고 고민했다. 그의 아들 유일선이 공동 부사장 자리에 앉았지   만 3년 만에 해임시켰다. 오히려 능력있는 직원을 사장으로 임명하였다.

9. 유한양행은 지금도 우리나라에서 가장 (   ) 받는 기업 중의 하나이다. 지금까지 유한양행 사장은 평사원에서 시작한 사람들이다. 유한양행에 입사한 직원은 모두 (   ) 경쟁을 통해 사장이 될 수 있는 시스템이다.

10. 현재 유한양행은 다국적 기업의 연구 능력을 본받고자 미래의 성장동력을 키우고자 여러 가지 투자를 하고 있다. 글로벌 (   )을 개발하기 위해 노력하고 있고 '신약개발로 인류 (   )'를 하는 것이 목표로 삼고 있다.

1. 유일한의 어린 시절-미국 유학 생활의 시작: 난이도 하

유일한 박사는 1895년 1월 15일, 지금의 평양에서 부자 집안의 첫째아들로 태어났습니다. 사실 유일한 박사는 원래 이름은 일형(一馨)입니다. 일형의 뜻은 "세상에서 제일 향기가 되는 사람이 되라"는 뜻입니다. 유일한의 집안은 기독교를 믿는 집안이었습니다.

어느 날 일한의 아버지는 일한을 미국 유학 보내야겠다고 결심합니다. 당시 미국을 가려면 배를 타고 몇 달을 가야 했지만, 결국 아버지의 뜻대로 아홉 살 때 친한 선교사의 도움으로 미국으로 가게 됩니다.

유일한은 미국에 도착해서 한동안 샌프란시스코에 머물다가 네브라스카 주의 커니라는 작은 마을에 가게 됩니다.

그는 빨리 낯선 환경에 적응합니다. 일하지 않는 사람은 먹을 수 없다는 원칙이 있는 집에서 살았기 때문에 어린 일한도 간단한 집안일을 해야 했습니다. 그리고 아주 검소한 생활을 했습니다. 일은 힘들지 않았지만 유일한을 힘들게 한 것은 동네 아이들의 놀림이었습니다. 그 동네에는 이민 온 중국인들이 있긴 했지만 매우 적었고 한국 사람은 유일한뿐이었습니다. 그래도 차츰 영어를 익히고 말이 통하니까 나중에는 친구도 하나둘 생겼습니다.

미국에 온 지 5년이 지난 열네 살 되던 해 6월, 유일한은 "한인 소년병 학교"에 입학하게 됩니다. 그곳은 일본으로부터 한국을 독립시키기 위해 소년들에게도 군대 훈련을 시키는 학교였습니다. 그리고 한국의 역사도 가르쳤습니다. 한국의 역사를 배운 유일한은 자신의 조국인 한국에 대해 자랑스러움을 갖게 되었습니다.

한편으로는 '이렇게 훌륭한 역사를 가진 한국이 왜 이렇게 약해졌는가?' 궁금해졌습니다. 그는 한국이 약해진 것은 경제력이 없기 때문이라는 결론을 내렸습니다.

2. 중고등학교 시절-미국에서 공부를 본격적으로 함: 난이도 중

유일한이 열여섯 살이 되던 해 중학교 입학을 했습니다. 하지만 아직도 아이들이 일한을 보고 "몽키, 고 홈"(원숭이야, 꺼져)이라고 놀리곤 했습니다.

그는 더 이상 놀림을 받지 않으려면 강해져야 한다고 생각했습니다. 그래서 학교에서 백인들에게 공부도 운동도 지지 않으려고 노력했습니다. 특히 고등학교 시절에는 미식축구 주장으로도 활동합니다. 매일 아침, 일어나자마자 기도를 드리고 하루 계획, 일주일 계획, 한 달 계획, 1년 계획을 짜서 실행합니다. 또 그는 유언장을 미리 써서 품에 넣고 다녔습니다. 한 번뿐인 인생을 특별하게 생각하기 위해서였습니다.

그러던 어느 날 신문배달 아르바이트를 하려고 신문 보급소에 갑니다. 그리고 그 날부터 자신의 이름을 일한으로 바꾸기로 결심합니다(원래 이름이 "일형"이었음). 일한의 한자는 一韓입니다. 최고의 한국, 이라는 뜻입니다.

고등학교를 졸업하는 해, 집안이 어려워져 더 이상 부모에게 학비를 달라고 할 수 없었습니다. 일한은 대학 진학을 미루기로 합니다. 그러자 담임선생님은 일한에게 "은행에서 학비 100달러 빌릴 수 있도록 보증을 서주겠다"고 합니다. 사실 고아나 다름없는 동양 소년의 보증을 선다는 것은 쉬운 일은 아닙니다. 하지만 담임 선생은 일한의 성실함을 믿었던 겁니다.

100달러를 빌린 일한은 그 돈을 한국으로 다 보냅니다. 아버지는 그 돈으로 농장을 사서 식구들을 먹여 살립니다. 일한은 그 돈을 갚기 위해 또 대학에 진학할 돈을 벌기 위해 1년 간 디트로이트의 전기 공장에서 아르바이트를 하기로 결정합니다. 디트로이트에는 유명한 자동차 회사 <포드>가 있었습니다. 이 회사의 경영원칙은 4가지인데 다음과 같습니다.

1. 미래에 대한 두려움과 과거에 대한 미련을 버릴 것
2. 경쟁보다는 협동을 할 것
3. 이익보다 봉사를 먼저 생각할 것.
4. 값싸게 만들어서 값싸게 팔 것.

<포드>공장을 바라보며 일한은 한 가지 다짐을 합니다. 대기업 사장이 되어서 한국을 부자로 만들자!

※ 예상문제
1. 유일한 박사는 고등학교 시절 _____부 주장으로 활동했다.
2. 유일한 박사가 품에 넣고 다니던 것은? 답) _____
3. 포드 자동차 회사의 경영원칙 중 2항은 경쟁보다는 _____을 하자, 이다.
4. '유일한'의 '일한'의 뜻은? 답) _____
5. 유일한은 <포드> 자동차 공장을 보면서 한국을 _____로 만들자고 다짐했다.

3. 대학시절과 첫 사업 시작: 난이도 중상

1916년, 스물한 살의 일한은 미시건 대학교에 입학합니다. 그는 아르바이트를 해야 했고 공부도 해야 했습니다. 하지만 아르바이트로는 돈이 모이지 않자, 그는 장사를 해서 돈을 벌어야겠다고 생각했습니다. 그것은 바로 중국인을 상대로 중국도자기 등을 파는 일입니다. 결과는 대성공이었습니다. 가끔은 중국인들이 마약을 구해달라고 하는 경우도 있었습니다. 하지만 일한은 아무리 돈을 많이 준다고 해도 그런 식으로 돈을 벌고 싶지는 않았습니다. 사람의 몸과 영혼을 해칠 수 있는 물건은 그것이 아무리 큰 이익을 준다고 해도 취급할 생각이 없습니다.

그러던 어느 날 일한은 운명과도 같은 여인을 만나 결혼합니다. 중국인 여대생 호미리. 호미리의 집안은 미국에서 성공한 중국인 집안이었고, 호미리는 의대생으로 지성과 미모를 겸비했습니다. 서양 남자들도 호미리를 좋아했지만 그녀는 오로지 일한만을 좋아했습니다. 호미리의 가족 역시 일한이 한국인이라고 무시하지 않고 오히려 환영을 해주었습니다. 호미리는 남자도 따기 어렵다는 전문의 자격증을 따서 당시 미국에서는 동양인 최초 소아과 의사가 됩니다. 그리고 일한은 대학 졸업 후 유명한 <제너럴 일렉트릭>이라는 회사에 들어갑니다. 그곳은 미국인도 들어가기 힘든 회사였습니다.

하지만 일한은 사업을 해서 가난한 한국을 위해 사용하겠다고 결심하였기에 회사를 그만둡니다. 주변 사람들은 대기업을 그만 두는 일한을 이해할 수 없었던 것입니다.

대학을 졸업하고 최초로 한 사업은 중국인을 상대로 숙주나물을 파는 것이었습니다. 중국인은 만두에 꼭 숙주를 넣어 먹기 때문입니다. 특히 그의 부인이 중국인이었으므로 많은 도움을 얻을 수 있었습니다. 숙주나물 사업이 대박나서 그는 정식으로 1922년 식품회사 <라초이>를 세웁니다. 그리고 회사를 만든 지 4년 만에 50만 달러(5천만 원) 이익을 냅니다.

※ 예상문제

1. 유일한이 들어간 대학교의 이름은? 답) _____

2. (O X문제) 유일한은 돈을 벌기 위해 중국인에게 마약을 팔았다(   )

3. 유일한 박사의 부인 호미리는 미국에서 동양인 최초 _____ 의사였다.

4. 유일한의 첫 사업은 중국인에게 _____를 파는 회사였으며 이름은 _____였다.

5. 유일한 박사는 사업을 해서 _____을 위해 돈을 사용하겠다고 결심했다.

4. 유한양행 설립: 난이도 상

유일한은 미국에서 사업에 성공했지만 점점 한국에서 사업을 하고 싶다는 생각을 합니다. 그래서 그는 1926년 22년의 미국 생활을 정리하고 한국으로 들어옵니다. 그가 귀국하자마자 지금의 연세대학교인 연희전문대학교에서 유일한에게 교수직을 권하지만 그는 사양합니다. 그리고 지금의 유한양행을 설립합니다. 그는 서재필 박사로부터 선물 받은 버드나무 조각품을 사무실 책상에 올려놓습니다. 그 버드나무가 바로 유한양행의 상징이 되었습니다.

유한양행은 일단 미국에서 들여온 약을 판매합니다. 그는 한국인들이 제대로 된 약을 사용하지 못하고 병들어 죽는 것을 안타깝게 생각했기 때문입니다. 얼마 지나지 않아 약품을 사용해본 사람들의 입에서 효과가 좋다는 소문이 퍼져나가기 시작했습니다. 의약품이 잘 팔리자, 화장지, 치약, 생리대 등의 위생용품과 껌, 농기구, 염색약, 초콜릿, 아이스크림 등도 수입 판매했습니다.

하지만 유일한 박사는 가난한 사람들에게 약을 무료로 주지 않았습니다. 왜냐하면 그는 한국인에게 거지 습관을 심어주기 싫어서 그랬습니다. 즉 자기 손으로 일하지 않고 거지처럼 얻어먹고 쓰는 습관을 한국인들이 갖게 될까봐 그랬던 겁니다. 유일한 박사는 점점 한국에서 기업을 확장시켜 일자리도 만들고 경제를 활성화시켜야겠다는 생각을 더욱 굳혀갔습니다.

유한양행의 기업 경영 원칙은 다음과 같습니다.

1. 기업을 키워 일자리를 만들자.

2. 정직하게 세금을 내자.

3. 남은 이익은 기업을 키워준 사회에 돌려주자.

유한양행은 일제강점기의 압박, 6·25전쟁, 이승만 대통령과 박정희 대통령의 독재정권에 맞서며 한국을 대표하는 기업으로 성장했습니다.

지금도 유한양행은 세금을 잘 내기로 유명합니다. 세금을 내야 국민을 위해 사용할 수 있다고 생각했기 때문입니다. 유일한 박사는 1965년 유한공업고등학교를 설립합니다. 교육 사업에 돈을 투자하는 것이 한국을 발전시킬 수 있는 가장 좋은 방법이라고 판단했기 때문입니다.

※ 예상문제

1. 유일한이 미국 생활을 정리하고 한국에 들어온 연도는?

답) _____

2. 유한양행의 상징은 서재필 박사가 선물해준 _____ 조각이다.

3. 유한양행이 약을 팔기 시작한 이유는?

답) _____

4. 유일한 박사는 가난한 사람들에게 약을 주지 않는다는 이유로 비난받았다. 그는 왜 가난한 사람들에게 약을 주지 않았는가?

답) _____

5. 유한양행의 기업 경영원칙이다. 빈 칸을 채우시오.

▶ 기업을 키워 _____를 만들고, 정직하게 _____을 내고,

   남은 이익을 사회에 _____

6. 유일한 박사가 1965년 세운 학교 이름은? 답) _____.

5. 유일한의 죽음과 유서: 난이도 중

1971년 3월 11일 오전 11시 40분, 유일한 박사는 돌아가셨습니다. 가족들이 그가 남긴 물건을 정리해보니 만년필을 비롯한 일상품 몇 가지와 구두 2켤레, 양복 3벌이 전부였습니다. 얼마 후 그의 유언장이 공개되자 사람들은 더욱 놀랐습니다. 유언장에는 다음과 같이 써 있었습니다.

첫째, 손녀인 유일링에게는 대학 졸업 때까지 학비 1만 달러를 준다.

둘째, 딸 유재라에게는 유한공고 안에 있는 땅과 주변 땅 5천 평을 준다. 그 땅을 유한동산으로 가꾸어주길 바라며, 유한동산에는 결코 울타리를 치지 말라. 유한중학교, 유한공업고등학교 학생들이 마음대로 드나들게 하여 그 어린 학생들의 티없이 맑은 정신에 깃든 젊은 의지를 내가 지하에서나마 느끼게 해달라.

셋째, 나의 주식을 판 돈을 모두 한국 사회 및 교육을 위한 돈으로 기증한다.

넷째, 아내 호미리는 재라가 그 노후(늙은 후 생계)를 잘 돌보아주기를 바란다.

다섯째, 아들 유일선에게는 "대학까지 졸업시켰으니 앞으로는 스스로 혼자서 살아라"고 전해라.

유언장의 내용을 요약하면 기업의 이익을 사회에 돌려주고 가족들에게는 재산을 거의 물려주지 않는다는 것이었습니다. 세상을 떠나기 전에 그가 기부활동을 할 때도 별 반응을 보이지 않던 사람들도 그의 유언 내용을 듣자 모두 유일한을 존경하게 되었습니다. 살아생전 그는 한 기업의 회장님이었고 한국에서 손꼽히는 부자였습니다. 하지만 그 자신은 일생을 검소하게 살았습니다.

그가 살아 있었을 때, <셰퍼>라는 만년필을 19년 사용한 일은 유명합니다. 그는 가정부에게 식사 때 반찬을 많이 올린다고 야단을 쳤지만, 나중에 그 가정부에게 유한양행의 주식을 주어 생활에 보탬을 주었다고 합니다. 그리고 학비가 없어 고생을 하는 학생들에게 장학금도 많이 주었습니다. 하지만 그가 돈을 잘 쓰자 이유 없이 돈을 빌리러 오는 사람들도 늘어났지만 유일한 박사는 그런 사람들을 오히려 혼냈습니다. 그 이유는 스스로 일해서 살아가라는 뜻에서 그랬던 겁니다.

※ 예상문제

1. 유일한 박사가 돌아가신 년도는? 답) _____

2. 유일한 박사의 유언장에는 아들에게 "앞으로는 _____ 살아가라"고 했다.

3. 유일한은 셰퍼라는 만년필을 몇 년 썼는가? 답) _____

4. 유일한은 그에게 이유 없이 돈 빌리러 오는 사람에게 왜 꾸지람을 했는가?

답) _____

5. (O X 문제) 그는 죽을 때 아내의 노후를 아들에게 맡겼다. (   )

참고자료

① **활용 및 참고 도서**

다음의 도서들은 수업 시간에 발췌해서 학생들과 함께 읽고 간단히 이야기를 나눴다.

홍성민 『행복한 부자들의 돈버는 습관』

부자들의 습관에 관한 책은 많이 있다. 그런데 이 책은 머리말에 나온 말처럼 단순히 돈 버는 기술, 부자 코스프레를 하지 말고 돈과 관련하여 자신의 가치를 실현하는 과정을 배우자고 주장한다.

수업 시간에 재테크의 실제적인 기술이나 경제 원리를 원론적으로 설명하는 데 지나치게 많은 시간을 할애해버리면 도덕교과의 본질이 퇴색될 수 있다. 바른 가치관 정립이라는 도덕교과의 목적을 벗어나지 않으면서 수업에 활용하기 좋은 부분만 발췌해서 활용해야 한다. 책에 나온 세세한 재테크의 기술 등은 어른들을 위한 설명이므로 프롤로그와 〈1장 행복한 부자가 되어라〉, 〈2장 명확한 목표를 가져라〉 정도까지 학생들과 탐구하는 것이 좋다고 생각한다.

장 지글러 『세계의 절반은 왜 굶주리는가』

요즘 텔레비전을 켜면 아프리카 아이들이 굶주리는 영상이 수시로 나온다. 한 달에 2만, 3만 원 정도만 기부하면 저 아이를 살릴 수 있다고 한다. 열심히 고기 반찬에 밥을 먹으면서 그 광고를 보면 괜히 아프리카 아이에게 미안해진다.

빈부격차는 한 국가 안에서 개인 간, 계층 간의 문제이면서 이제는 전 세계 부국

(富國)과 빈국(貧國)의 문제까지 염두에 두어야 한다. 아프리카 사람들은 왜 굶주리며 절대적 빈곤에 시달리는지 분석한 책이다. 대화체 형식으로 되어 있어서 학생들이 읽기 쉽고 또 이해하기 쉽다. 개인적인 경제관념을 바로 세우면서 동시에 구조적인 문제로 고통받는 약자들에 대한 관심도 넓힐 필요가 있기에 이 책을 학생들에게 소개해준다.

다이엘 라핀 『부의 바이블 삼천 년 유대인 역사 속 부의 비밀』

탈무드에 이런 격언이 있다. '한 사람의 인격을 파악할 때 다음 세 가지를 보라. 참을성, 술을 마시는 법, 돈을 쓰는 방법.'

유대인의 경제교육 방법과 철학이 각광받는 이유는 세계 경제의 주도권을 실상 유대인이 장악하고 있다는 이야기가 퍼졌기 때문이다. 미국 50대 기업 중 17개를 유대인이 운영하며 세계 7대 메이저 석유회사 7개 중 6개도 유대인 소유라고 하니 아주 틀린 말은 아니다 싶다. 또 서구사회에서는 예로부터 유대인들이 장사를 잘한다고 질투(?)하고 그 비법을 배우고 싶어 하기도 했다.

시중에 유대인 경제 교육에 관한 책들이 많이 있지만 이 책은 유대인 랍비가 쓴 책이며, 사실 돈에 대한 이야기보다는 인생을 조망하는 가치관에 대한 이야기가 주를 이룬다. 가령 '올바른 자아상을 확립하라'든가 '사람 재산을 늘려서 원만한 인간관계를 설정하라'든가 '기부하라' 등의 말은 돈을 직접적으로 많이 버는 방식 - 가령 주식이나 부동산을 통한 증식이나 재테크 방법 - 은 아니다. 이 책은 오로지 가치관이 올바른 인간만이 부를 창출하여 선하게 쓸 수 있다는 일관적인 논리를 설파하고 있다. 그래서 이 책은 돈과 도덕성의 관계 설정, 바람직한 부의 가치관 정립을 위해 학생들에게 권할 만한 책이라고 생각한다.

② 수행평가 - '○○ 부자' 인물 탐구하기

돈 많은 사람이어도 좋고, 돈은 없지만 마음이 부자여서 봉사활동을 많이 한 사람, 지식이 많은 지식 부자 등 '○○ 분야에서 부자인 사람 탐구하기'라는 제목을 걸고 수행평가를 실시했다. 돈만 많이 버는 사람은 존경받을 수 없기에 무엇이든 어떤 분야에서든 '부자'라고 칭할 수 있는 사람들을 찾아보게 했다. 학생들에게 돈이 재벌처럼 많지 않아도 한 분야에서 일가를 이룬 사람들은 모두 '부자'라는 인식을 갖게 하고 싶었다.

자기 분야에서 성실하게 올곧은 일을 하면 어느 정도의 부는 따라오기 마련이다. 최소한 빚을 지거나 그로 인해 식구들을 곤경에 빠뜨리거나 인생을 나락으로 이끌지는 않는다. 오히려 성공과 부를 거머쥐는 수도 있다. 학생들이 조사해서 보고서를 작성한 인물들은 '존경하는 인물'에 늘 빠지지 않고 등장하는 사람들과 같았다.

수업의 영향 탓인지 그야말로 돈을 많이 소유한 부자들도 탐구 대상으로 많이 선정되었다. 워렌 버핏, 스티브 잡스, 빌 게이츠 등도 많았고 우리나라 인물로는 정주영 회장이 간간히 있었다. 지식부자로는 아인슈타인, 세종대왕, 마음부자라고해서 한비야 씨라든가 김대중 대통령, 노무현 대통령 등이 탐구 주제로 선정되기도 했다.

③ 딜레마 질문

'돈'에 관련한 수업을 할 때 학생들에게 이런 질문을 했다. '죽을 때까지 돈이 넘쳐나지만 마음이 걱정으로 가득 차 있고 잔병치레(변비, 비염, 만성장염과 가족 간 다툼 등)가 많은 사람 vs. 죽을 때까지 월 150만 원밖에 못 벌지만 마음은 항상 평화롭고 건강한 사람' 이 둘 중 하나의 인생을 선택해야 한다면 어떤 삶을 선택할 것인가?

이 질문을 했을 때 학생들은 '월 150만 원을 나 혼자 쓰는 거냐? 가족이 같이 쓰는 거냐?', '마음이 걱정으로 가득 찼다는 게 무슨 말이냐, 예를 들어 달라' 등 질문이 쏟아졌다. 일단 '150만 원을 4인 가족이 쓰는 것이고, 정부에서 보조를 받는 가정'이라고 못을 박은 뒤 포스트잇을 나눠주고 선택을 적으라고 했다. 학생들은 의외로 고민했다. 전자를 택한 아이들은 '그래도 돈 많으면 스트레스 쌓인 거 풀면서 살 수 있다'고 했고(특히, 무좀을 고칠 수 없다면 '인공발가락'을 달겠다, 가족이 매일 다툰다면 '집을 따로 얻어 준 다음 거기서 싸우게 하겠다' 등의 참신한(?) 의견도 있었다), 후자를 택한 아이들은 '마음의 평화가 최고'라고 답했다. 개인의 성향과 상황에 따른 답변의 차이가 있겠다.

2018년 Y중학교 선택(응답자 134명)

고민과 스트레스가 많은 부자	스트레스가 없고 행복한 가난
40명	94명

2015년에도 이와 똑같은 질문을 했는데 정확한 통계치는 기록으로 남아있지 않지만 확실한 것은 그때도 '스트레스가 없고 행복한 가난'을 선택한 학생이 더 많았다는 것이다. 이 질문의 답은 없다. 다만 '돈으로 행복을 살 수 없다'고 흔히 말하지만 '돈으로 불행을 제거할 수 있다'는 것도 무시할 수 없는 사실이다. 돈이 없어도 마음이 평화로우려면 '도'를 닦아야 한다. 티벳의 탁발승들이 바로 그런 사람들일 것이다. 인생의 궁극적인 목표는 행복이다. 그 행복을 위해 우리 같은 일반 서민들은 티베트의 탁발승처럼 살 수 없으며 일정부분 현실에 발 디딘 채 '돈 벌기 및 관리'를 해야만 한다. 극단적인 딜레마 질문이지만 딜레마 질문 자체보다는 학생들의 답변을 통해 여러가지 돈에 대한 생각, 편견, 오해 등을 이끌어내는 것이 중요하다.

④ **영상물**_지식채널: 불평등한 여름(2013. 7. 31)

빈곤층이 폭염에 그대로 노출된 현실을 이야기하고 있다. 영상을 다 본 후 학생들에게 '한여름 뙤약볕에서 폐지를 줍다가 쓰러진 노인 분이 왜 저렇게 살 수 밖에 없을까?'라고 질문했다. 학생들은 '자식이 돈을 주지 않아서', '자식이 가난해서', '노인들 일자리가 없어서', '정부의 복지 문제', '젊었을 때 돈을 벌어두지 못해서' 등의 답변을 내놓는다.

나는 학생들의 답을 듣고 이렇게 말했다. 가난한 사람이 왜 가난한지 묻는 건 공부 못하는 사람이 왜 공부를 못하는지 묻는 것과 같다고. 공부를 못하는 이유가 각양각색인 것처럼 가난한 사람이 가난한 이유도 각양각색이라고. 공부 못하는 이유는 노력은 하지만 타고난 지능의 한계가 있는 경우, 하기 싫어서 안 하는 경우, 교육 제도의 획일화 때문에 성취를 내지 못하는 경우, 예전엔 잘했는데 어떤 계기로 공부를 손에서 놓아버린 경우 등이 있을 것이다. 이렇듯 가난한 사람들이 반드시 게을러서 가난한 것이라고 단정지을 수는 없다.

특히 우리나라 노인 분들은 젊은 시절 부의 불평등이 심각한 사회 구조 속에서 최저 임금도 제대로 받지 못하고 노동 착취를 당한 경우가 많았고 균등한 교육기회도 가질 수 없었다. 또 자식들 뒷바라지를 하느라 노후 대책을 마련하지 못한 경우들이 많다. 나는 반드시 이 설명을 덧붙여서 우리는 사회 구조적인 불평등 문제에 대해 정확하게 짚고 넘어가야 한다고 했다.

돈 관리에 대한 수업이 자칫 부의 불평등 문제를 간과할 가능성이 있다. 또 무조건 부와 가난의 결과가 개인의 책임이라는 인상을 심어줄 수 있으므로 주의해야 한다.

⑤ 투자와 투기의 차이

명절 날 어른들이 모이면 '누가 주식해서 돈 날렸다'는 이야기를 종종 듣는 아이들이 무턱대고 '주식은 나쁜 것'이라고 생각할 수 있다. 유한양행의 경우 1980년대 근로자들에게 회사의 주식을 나눠줘서 애사심을 갖게 했고, 그 결과 유한양행이 수익을 내게 되었을 때 근로자들은 소유한 주식 지분 만큼 이익을 배당받은 아름다운 사례도 있다. 자본주의 사회의 한 축을 담당하고 있는 주식에 대한 소개 정도는 학생들에게 필요하다고 판단했다. 주식에 대한 환상을 가지는 것은 금물이므로 사람들의 헛된 욕망을 부채질해서 사기를 친 다음의 사례는 반드시 소개한다.

'청담동 주식부자' 이희진에게 130억 5500만 원의 추징금이 선고됐다. 26일 법원은 일명 '청담동 주식부자' 이희진에게 1심에서 징역 5년 및 벌금 200억 원, 추징금 130억 5500만 원을 선고했다.

이희진은 경제전문 방송과 예능 프로그램에 나와 주식 투자로 수천억 원을 벌어들인 사례로 소개되어 유명세를 탔다. 더불어 자신의 SNS와 블로그를 이용해 화려하고 고급스런 영상과 사진을 게재하면서 대중들을 현혹시켰다. '청담동 주식부자'라는 별명으로 더 유명세를 타기 시작한 이희진은 인가받지 않은 투자매매회사를 세워 VIP 회원권한을 판매하고 장외주식을 매매하여 부당이득을 챙겼다. 수천 명에 달할 것으로 예상되는 많은 사람들이 이희진이 한 말에 현혹돼 투자했다. 이희진 피해자 모임의 한 남성은 지난 2016년 CBS라디오 '김현정의 뉴스쇼'와의 인터뷰에서 "이 대표가 장외주식을 사면 대박이 난다고 하면서 자기가 장외주식으로 돈을 많이 벌었다고 하면서 100억 이상이 있는 통장을 보여줬다"고 말했다.

이 같은 이희진의 사기행각은 일각에서는 십여 년 전 일본의 다단계 사기꾼 요자와 츠바사를 롤모델로 했다는 후문이 돌기도 했다. SNS를 통해 고급차와 호화로운 집 사진을 자랑하며 투자 사기를 친 이희진처럼 요자와는 일본에서 방송과 인터넷 등에서 자신의 부를 과시하면서 투자 강연으로 다단계 사기를 벌였다. 두 사람의 공통점은 태생이 흙수저 임을 강조하면서 재산을 자랑하고, 온라인과 텔레비전에서 유명세를 떨치며 투자를 받기 시작했고 피해자들이 두 사람을 검증된 공인이라고 여겨 의심 없이 투자한 점이다.

— 《헤럴드 경제》 2018. 4. 26

이희진 씨의 주식투자 사기극은 세간의 이슈였다. 가난한 집안 출신의 젊은 남자가 오로지 주식만으로 별명이 청담동 백만장자로 불릴 정도로 '부'를 축적했다는 사실은 사람들의 호기심을 자극할 만했다. 그는 케이블 예능 방송에 자주 출연했고 주식관련 방송에도 출연했다. 그는 불법적으로 주식투자자를 모집했고 결국 그들에게 약속한 이익금을 주지 않았다. 명백한 사기다.

사기를 친 사람이 가장 잘못한 것은 두말한 나위 없다. 그러나 단시간에 많은 돈을 벌 수 있다는 허영심에 검증되지 않은 사람에게 돈을 투자하는 행위에 대해서도 점검해볼 필요가 있다.

⑥ 기본소득제도

2016년 6월 스위스가 전 국민에게 보편적인 기본 소득을 제공하는 것에 대해 국민 찬반 투표를 실시한 결과 76.7%가 반대했다고 한다. 스위스 정부가 제안한 기본소득법은 만 18세 이상의 성인에게 매달 한화 약 300만 원을, 어린이와 청소년에게는 매달 한화 약 78만 원을 지급하는 제도이다.

우리나라에서도 기본소득제도에 대한 찬반 논쟁이 시작되었다. 4차 산업혁명시대 인공지능이 인간의 일자리를 차지할 경우 일할 수 없는 사람들이 증가할 것에 대비하여 기본소득제도가 필요하다는 논리도 있다. 기본소득제도까지는 아니지만 일부 지자체에서 실험적으로 실시하는 '청년수당제'(서울시의 경우 2017년 취업 준비생 3,000명 정도를 선발하여 6개월간 매달 50만원씩 지급)도 기본소득제와 맥락을 같이 한다고 볼 수 있다.

기본소득제를 반대하는 이유 중 하나는 '모럴 헤저드'(도덕적 해이)이다. 일하지 않는데 소득이 생기므로 더 일을 하지 않고 산다는 것이다. 복지가 잘된 북유럽 국가들에서는 실업수당제도가 잘 구비되어 있는데, 이 실업수당만 갖고 일을 절대 하지 않고 살아가는 사람이 당당히 텔레비전에 나와 비난을 받은 사례도 있다. 사회복지 비용을 늘리려고 할 때 늘 나오는 반대 의견 중 하나지만 기본소득제를 충당할 재원 문제 역시 가장 큰 반대 이유이다.

누군가 한 번도 걷지 않은 길을 가는 것은 불안하다. 그러나 인류 역사는 늘 새로운 것의 시도였다. 민주주의 정치제도 또한 단 한 번도 가지 않은 길을 선택했지만, 지금으로서는 가장 최적의 정치제도로 받아들여지고 있다. 기본소득제 역시 앞으로 계속 이슈화될 논쟁거리 중 하나이다. 가보지 않은 길을 간다는 것은 두려운 일이다. 그러나 논의와 합의의 과정을 통해 최적의 방안을 마련하는 것이 인류의 발전 과정 아니겠는가. 깊이 있는 토론이 부담스럽다면 학생들에게 기본소득제의 개념을 알려주고 간단히 서로의 의견을 공유해보는 시간을 갖거나 찬반 토론을 하면 의미 있는 수업이 될 수 있다.

3장. '외모'를 둘러싼 문제

'외모지상주의'는 도덕시간에 반드시 탐구해야 할 주제 중의 하나이다. 왜냐하면 해가 갈수록 '외모'가 성공과 행복의 중요한 요소라고 생각하는 이들이 늘어나고 있으며 아이들은 이의 영향을 받고 있기 때문이다(중학생이 방학 때 성형수술을 하고 개학해서 오는 사례가 종종 있고 이제는 놀랄 일도 아니다). 지금 아이들은(기성세대의 학창시절에 비해) 자유롭게 화장하고 외모를 꾸미며 또래 아이돌이 어른처럼 옷을 입고 나와서 활동하는 걸 지켜보는 세대이다. 여학생들에게 '화장하지 마, 지금은 쌩얼이 훨씬 예뻐'라는 말은 귀에 들어오지 않는다. 수업시간에 메이크업 박스를 꺼내놓고 화장만 하고 있는 여학생들을 보는 게 이제 하루 이틀 일도 아니다. 집어넣으라고 하는 교사와 어떻게든 몰래 화장하는 여학생들(혹은 간혹 남학생) 사이에 벌어지는 갈등도 흔한 교실 풍경이 되었다.

문제는 '외모지상주의'가 화장중독이나 성형중독 등의 극단적인 사고와 행동양식을 퍼뜨릴 수 있다는 것이다. 또한 매스컴에서 퍼뜨린 미의 기준에 맞지 않은 사람을 따돌리거나 놀리거나 무시하는 행태 - 일명 외모차별 - 를 낳기도 한다. 또 여성들에게만 적용하는 가혹한 미의 기준과 점점(여성 자기도 모르게) 열중하게 되는 '꾸밈노동' 문제도 짚고 넘어가야 한다. 외모지상주의가 심해졌을 때 신체에 장애를 갖고 있는 사람들에 대한 선입견이 더 심각해질 수 있다. 절대적인 미의 기준을 엄격하게 세우면 신체적으로 장애가 있는 사람들은 더 소외되기 때문이다. 우리 사회의 차별적 소외를 줄이기 위해서라도 학생들이 갖고 있는 '외모지상주의' 가치관에 대해 점검하고 바로 잡아줄 필요가 있다.

차시별 수업 진행

1차시 『죽은 왕녀를 위한 파반느』 줄거리 소개 영상 본 후 브레인라이팅 "내 외모에 만족하는가? 불만족하는가?"

2차시 모둠학습 - 외모가 중요한 직업, 외모가 중요하지 않은 직업 찾기

3차시 김제동 씨 강연 시청 후 생각 정리 및 이야기 나누기

4차시 '노메이크업 운동' 영상 시청 후 '노메이크업 운동'이 무엇인지 탐구하기

5차시 소설 『죽은 왕녀를 위한 파반느』 읽고 공감하기

6차시 '단톡방에서 한 외모 품평' 죄인가, 죄가 아닌가? 토론

1. 나는 외모에 만족하는가?

학생들에게 포스트잇을 나눠준 뒤 '내 외모에 만족하는지 각자 써보고 그 이유까지 밝혀보자'라고 제시했다. 이 수업은 브레인라이팅 방법인데, 2부 1장에서 더 자세하게 소개하였다. 여기서는 외모지상주의를 주제로 수업한 내용을 소개하겠다.

수업 흐름

① 학생들에게 '외모'에 관한 동영상-소설 『죽은 왕녀를 위한 파반느』 줄거리에 관한 동영상-을 보여준다.

② 동영상 시청 후 전원에게 포스트잇을 1장씩 나눠준다.

③ 포스트잇에 이름을 쓰지 말고 성별만을 쓸 것을 당부한다.

④ 칠판에 '내 외모에 만족하는가?'라는 질문과 '매우 불만족' '불만족' '만족' '매우 만족'을 적는다. 자신의 외모에 대해 어떻게 생각하는지 위 4가지 답변 중 하나만을 고르라고 하고 혹시 이유를 적고 싶은 사람은 적게 한다. 원치 않으면 적지 않아도 된다.

⑤ 학생들의 기록이 끝났다고 생각하면 교사가 직접 걷은 뒤 하나씩 읽으며 학생들과 의견과 느낌을 공유한다. 답변의 종류 및 성별에 따라 포스트잇 답변을 붙인다.

⑥ 다 붙인 뒤 통계를 내본다.

2014년과 2018년 2차례에 걸쳐 이 수업을 진행하였다. 2014년에는 '내 외모가 학급에서 몇 등 정도라 생각하는가?'라는 질문을 하였다. 확실히 이 질문은 잘못되었음을 학생들의 반응을 보며 느꼈다. 등수를 매긴다는 건 자기와 다른 사람 얼굴을 비교해야만 하는 작업이 선행되어야 하는 것이기 때문이다. 조금 파격적으로(?) 학생들의 솔직한 생각을 듣고 싶은 마음에 한 질문인데, 이 질문을 하자마자 아이들이 적잖이 놀라거나 반 농담 반 진담으로 '너무 잔인해요'라고 말했다. 수업이 끝난 후 곰곰이 생각해보니 이 질문은 적절하지 않다고 여겨졌다.

그래서 다시 외모지상주의 수업을 하였을 때는 남과 비교하는 질문이 아니라 자기 스스로 만족도를 점검하는 쪽으로 질문을 바꿨다. 그래서 2018년에는 '자기 외모에 대해서 만족하는가, 불만족하는가?'로 질문을 수정했다. 그러자 아이들이 별 동요 없이 자기 생각대로 편안하게 답을 적었다. 질문 하나를 던질 때도 세심한 주의가 필요하다.

외모 만족도 통계

	매우만족	만족	불만족	매우불만족
남학생	16%	46%	33%	5%
여학생	6%	24%	54%	16%

2018년 Y중학교 2학년(128명-남 48명, 여 80명의 통계)

확실히 외모만족도에는 남녀의 유의미한 차이가 있다. 남학생들의 매우 만족 비율이 여학생보다 약 3배 가까이 많다. 2014년에도 그랬다. 확실히 외모에 대한 민감도는 여자들이 더 높았다. 여자들은 어릴 때부터 '예쁘다', '귀엽다', '날씬하다', '뚱뚱하다'라는 평가를 더 많이 듣기 때문이다. 답변이 하나씩 공개될수록 여학생들은 경악(?)하기도 했다.

"선생님, 우리 반 남자애들 양심 없는 거 아니에요?"

"양심이 없는 게 아니라 자신감이 넘치는 거지."

"헐."

나 역시 오랜 세월 동안 매스컴에서 정한 미의 기준에 맞지 않는다 생각하여 어린 시절부터 외모 불만족을 갖고 살았던 사람이다. 남학생들의 외모 자신감을 직접 확인하니 부럽기도 하였다. 아직도 우리 사회는 여성이 고정관념과 편견 속에 갇혀 있다. 빨리 무너뜨려야 할 관념이다.

2. 외모가 중요한 직업이 있는가?

이 수업은 거창한 학습지 양식도 필요 없다. 종이를 한 장 주고 한 면에는 외모가 중요한 직업, 다른 한 면에는 외모가 중요하지 않은 직업을 쓰라고 해도 좋다.

외모가 중요한 직업이든 중요하지 않은 직업이든 일단 많이 찾아보라고 하는 것이 좋다. 2014년과 2016년, 2018년 세 차례에 걸쳐 이 수업을 하였다. 아쉬웠던 점은 학생들이 외모가 중요한 직업이나 중요하지 않은 직업 2개 중 한개만 열심히 찾는 경향이 있다는 점이다. 수업의 원활한 흐름을 위해 모둠별 토의를 두 번에 걸쳐 나눠하는 것이 좋겠다. 이럴 경우 학습지도 분할하여야 한다.

수업 흐름

① 모둠을 구성한다.

② 5분: 첫 번째 토의 주제 '외모가 중요한 직업' 학습지를 모둠에 하나씩 나눠준다. 외모가 중요한 직업을 되도록 많이 찾아 기록하라고 한다.

③ 첫 번째 토의가 끝나면 학습지를 걷는다.

④ 5분: 두 번째 토의 주제 '외모가 중요하지 않은 직업' 학습지를 모둠에 하나씩 나눠준다. 외모가 중요하지 않은 직업을 되도록 많이 찾아 기록하라고 한다.

⑤ 두 번째 토의가 끝나면 학습지를 걷는다.

⑥ 교사는 칠판에 각 모둠이 찾은 직업 개수를 적는다. 모둠순서대로 조장이 나와 자기 모둠 학습지를 보고 결과를 발표한다. 학급 전원은 발표를 들으며 의문점이 있으면 질문한다.

⑦ 최종적으로 각 주제별로 직업 개수를 많이 찾은 모둠에게 보상한다.

이 수업을 하면 아무래도 '외모가 중요한 직업'보다는 '외모가 중요하지 않은 직업'의 개수가 조금 더 많이 나온다. 확실히 길게 안정적으로 할 수 있는 직업은 '외모가 중요하지 않은 직업'이 더 많다. 외모가 중요한 직업으로 학생들이 제시한 것들은 다음과 같다.

외모가 중요한 직업(외모가 취업에 유리한 직업)
피팅모델, 광고모델, 레이싱걸, 치어리더, 행사도우미, 서빙, 웨이터, 헬스트레이너, 백화점 직원, 아이돌 가수, 영화배우, 승무원, 아나운서, 기상캐스터, 리포터, 쇼 호스트 등.

외모가 중요하지 않은 직업은 회사원이나 공무원, 교사, 의사 등 특정한 시험과 자격과 실력을 갖춰야지만 가질 수 있는 직업들을 제시하였다. 외모가 중요한 직업들로 나온 직업군들은 안정적으로 오래 유지하기는 힘들다는 견해에는 학생들이 동의하였다. 외모가 중요한 직업들은 나이가 비교적 젊고 건강할 때 길어야 10년 내외로 할 수 있는 일들이다. 직업을 구할 때 모든 사람들은 어쨌든 안정적으로 능력을 인정받을 수 있는 것을 선택하려고 노력한다.

여기에 덧붙여 승무원, 아나운서, 기상캐스터, 리포터, 쇼호스트는 다른 나라에서는 외모를 그다지 중요하게 생각하지 않은 직업군이라고 설명해주었다. 특히 승무원의 경우 유럽 등 선진국에서는 체력이 튼튼하고 나이가 든 중년의 여성들이 풍부한 비행 경험을 바탕으로 일하고 있다.

학생들은 이 수업을 통해 막연히 외모가 취업에 유리하고 중요할 것이라고 가졌던 편견을 직접 검증해봄으로써 선입견이 잘못됐음을 스스로 알게 된다. 즉 세상을 살아가는데 특히 직업을 구하는 데 있어서는 '외모'보다는 '실력'이 중요하다는 사실을 깨닫는다. 이렇듯 어떤 신념이 진실인지 아닌지 늘 검증해보는 작업이 필요하다.

3. 못 생겨도 괜찮아: 김제동의 외모 이야기

김제동 씨가 한 여러 가지 강연 중 특히 외모지상주의에 대해 집중적으로 강의한 동영상이 있다. 유튜브에 〈김제동의 외모 이야기〉라는 제목으로 약 11분으로 편집된 강연이 있다. 외모가 주제인 여러 영상들을 살펴보았는데, 시간이 적절하며 웃음과 교훈이 있는 영상은 김제동 씨의 강연이 제일 적합했다.

아무래도 영향력 있는, 흔히 말하는 '셀럽'으로 분류되는 사람들이 학생들 앞에서 좋은 말 한두 마디 해주면 확실히 학생들에게 주는 감동이 크다. 문제는 우리가 그분들을 일일이 교실로 모셔올 수 없다는 것이다. 그래서 대중 강연물 영상을 보여주는 건 직접 듣는 것만큼은 아니지만 적어도 교과서에 나온 말만 반복적으로 읽는 것보다는 훨씬 생생한 감화와 교훈을 준다. 영상의 내용은 다음과 같다.

- 외모에 대한 선입견을 버려라.
- 소수의 특권층(꽃미남 꽃미녀)이 자기 노력 없이 혜택을 받는 일은 없어져야 한다.
- 잘 생긴 것은 그 사람 덕이 아니고 못 생긴 것은 그 사람 탓이 아니다.
- 인간을 평등하게 바라보자.
- 남의 평가에 얽매이면 자기가 자기를 어떻게 생각하는지 잊어버린다.
- 사람들은 내가 생각하는 것만큼 나에게 큰 관심을 두지 않는다.
- 남에게 피해를 주지 않는 범위 내에서 자신의 자유를 누려라.

아이들이 내용 정리를 할 수 있게 간단한 시청 활동지 - 시청활동지 만드는 방법은 2부. 2장에서 소개하고 있다 - 를 만들거나 노트 정리를 할 수 있다. 학생들은 김제동 씨 한마디 한마디에 매우 즐거워했다. 수업 시간에 활력을 불어넣기에도 딱 적절한 영상물이었다.

4. 외모지상주의 속 노메이크업 운동

외모지상주의 흐름 속에서 몇 가지 이슈들은 해마다 바뀐다. 올해는 '노메이크업 (No Make-Up) 운동'이나 '꾸밈노동 해방', '탈코르셋 운동' 등이 여론의 관심을 받았다. '왜 여자들만 화장을 할까?'라는 질문은 양성평등 수업에서도 다뤄야 할 질문이다. 노메이크업에 관련한 동영상은 상당히 많이 있다. 학생들의 흥미를 끌되 지나치게 자극적이지 않은 영상을 골라야 한다. 나는 헐리우드 배우들의 노메이크업 운동을 다룬 영상을 학생들에게 5분 정도 보여주었다.

화장에 대해 이야기할 때 남학생들이 자기들과 무관하다고 여기는 경우가 있다. 여성들의 꾸밈노동이 잘못된 가치관 '여자는 사회생활 할 때 반드시 화장해야 한다'에서 비롯되었다고 설명해준 뒤 이런 가치관을 만드는 데 남성들이 일조했음을 이야기한다. 또 여학생들이 화장을 안 하고 온 날 농담이지만 '쌩얼 보기 싫다'고 말하는 것이 외모지상주의를 부추기는 것이라는 말도 한다.

학생들에게 화장을 하고 안 하고는 남녀 모두에게 하나의 선택 사항임을 강조한다. 즉 '화장을 안 하는 것이 좋다'가 아니라 '어떤 날은 화장을 하고 어떤 날은 안 해도 당당히 얼굴을 드러내놓고 다닐 수 있어야 한다'는 것이다.

4. '단톡방 외모 품평 대화'를 논하다

모 대학교 남학생들이 단톡방을 개설하고 함께 수업 듣는 여학생들의 외모를 품평하거나 언어적 성희롱을 하였다. 이것이 공개되어 큰 파문을 일으켰다. 학생들과 '비공개된 장소'에서 외모를 품평하고 성희롱적 발언을 하는 것에 대해 어떻게 생각하는지 토론을 하면 좋겠다고 생각해서 학습지를 만들었다.

단톡방에서 남에 대한 험담을 나누거나 외모 품평 혹은 성희롱적 발언을 하는 것은 죄가 되는 것일까? 만약 이것이 공개되지 않았다면 죄가 되지 않는 것일까? 단톡방의 대화도 공개적인 발언으로 보아야 하는 것일까? 이 문제는 우리 사회에서 쉽게 하는 여성 몸에 대한 품평의 문제, 온라인상에서 벌어지는 여러 가지 비도덕적인 문제 등을 아우르고 있다. 여성이든 남성이든 우리 사회에서는 몇 사람이 모여 타인의 외모에 대해 품평하는 것이 만연해 있다. 인간 사회에서 어느 정도 당연히 있을 수 있는 일이므로 넘어가야 할 부분인지 아니면 조심해야 할 문제인지, 수위 조절이 필요한 문제인지 점검해볼 필요가 있다.

아래의 학습지는 단톡방 등 사이버 공간에서 남의 외모에 대한 지적, 남에 대한 험담, 성희롱적 발언 등을 하는 것이 문제가 없는지에 대해 탐구해보는 학습지이다. 외모에 대한 이야기를 언급하고 있긴 하지만, 사이버 공간에서의 도덕성 문제에 조금 더 초점이 더 맞춰져 있다. 두 가지 사안을 맞물려서 탐구해보면 좋다.

⊙모 대학교의 남학생들이 1년 넘게 단톡방에서 여학생들의 실명까지 거론하며 언어성폭력을 한 사실이 드러났다.

○○대 단톡방 언어성폭력 사건 피해자 대책위원회는 13일 내부고발자가 제보한 A4 용지 700쪽 분량의 언어성폭력 대화 내용 가운데 일부를 공개했다. 대책위가 '동기, 선배, 새내기를 대상으로 한 광범위한 단톡방 언어성폭력 사건을 고발합니다'는 제목의 대자보를 통해 공개한 내용을 보면, 이 학교 남학생들은 여학생들의 ⓒ외모에 대한 비하부터 ⓒ성희롱, 성폭행 등 성범죄를 연상하는 대화를 나눴다. (중략) 대학 신입생 오리엔테이션을 앞두고는 성폭행을 암시하는 듯한 말도 남겼다. (중략) 또다른 성폭행 가능성에 대해서도 논의했다. 이들은 특정 동기 여학생을 거론하며 성희롱 대화도 나눴다. 한 남학생은 "지하철에서 도촬(도둑촬영) 성공함"이라며 단톡방에 자신이 찍은 사진을 전송해 ⓔ여성의 몸을 몰래 촬영한 것으로 드러났다.

사건은 이 단톡방에 속한 남학생 한 명이 지난 10일 피해자에게 내용을 넘기며 알려졌다. 가해 남학생들은 교양수업을 함께 들으며 친해진 8명으로 알려졌다. (중략) 그런데도 이들은 ⓜ문제가 제기된 뒤에도 피해자들을 모욕하며 대책을 논의해 이 과정에서 실명이 거론된 여학생들의 2차 피해가 일어나고 있다고 대책위는 지적했다. 이 같은 내용이 사회관계망서비스(SNS)를 통해 빠르게 퍼지며 가해 남학생들 처벌 등 논란이 확산되고 있다.

대학가의 단톡방 성폭력 사건은 이번이 처음이 아니다. 2014년 △△대에서도 한 학과 소모임 소속 남학생들이 단톡방을 통해 여학생들에게 심각한 언어 성폭력을 일삼아 논란이 된 바 있다.

— 2016. 6. 14 ≪한겨레≫ 기사 일부 수정

<개인 과제>

1. 위 기사에 나온 ㉠은 어떤 행동을 하였나요?

_____

2. ㉡~㉤ 중 잘못이 아닌 행동이 있나요? 한 번 분류해보고 그 이유를 생각해봅시다.

잘못이 아닌 행동	잘못인 행동

- 위와 같이 생각한 이유는?

3. 누군가가 내가 참여하지 않은 사이버 공간(sns, 단톡방, 게시판 등)에서 나의 외모에 대해 평가를 해놓았다고 가정합시다. 이 소식을 들은 나의 기분은 어떨까요?

_____

<모둠 과제>

1. ㉡~㉤ 중 잘못이 아닌 행동이 있나요? 한 번 분류해보고 그 이유를 생각해봅시다..

잘못이 아닌 행동	잘못인 행동

- 위와 같이 생각한 이유는?

2. '단톡방'에서 나눈 대화는 반드시 도덕적으로 문제가 없는 대화만 나눠야 할까요? 즉 남을 험담하거나, 남의 외모를 품평하거나, 성희롱적 말을 하는 것은 문제가 있는지 없는지 서로 의견을 나눈 뒤 ①, ② 중 하나를 골라봅시다.

① 단톡방에서 대화를 나눠도 도덕적으로 문제가 없는 대화만 나눠야 한다. 그 이유는?

② 단톡방에서 대화를 나눌 때(공개가 안 된다면) 남을 험담하거나, 남의 외모를 품평하거나, 성희롱적 말을 하는 것도 상관없다. 그 이유는?

- 읽기 자료-

1. 사이버공간의 특징

무분별한 댓글 조작과 가짜뉴스 양산은 관련 범죄 급증으로 이어지고 있다. 온라인상에서 허위 사실을 유포해 타인을 모욕하고 명예를 훼손해 경찰에 체포되는 사람만 한 해 1만 명에 달한다.

24일 경찰청에 따르면 지난해 발생한 사이버 명예훼손·모욕 범죄 건수(피의자 입건 기준)는 모두 1만3348건으로 집계됐다. 2010~2013년만 해도 한 해 평균 5000~6000건에 불과했던 사이버 명예훼손·모욕죄 발생 건수는 2014년 8880건에서 이듬해 1만5043건으로 급증한 이후 비슷한 수준이 유지되고 있다. (중략) 온라인상에서 명예훼손·모욕죄는 '정보통신망 이용촉진 및 정보보호 등에 관한 법률'이 적용돼 형법상의 명예훼손보다 엄하게 처벌받는다. 사이버 공간의 특수성을 고려하면 허위 사실 파급력이 오프라인에 비해 훨씬 파괴적이기 때문이다.

—《mk》, 2018. 4. 24 기사 중

① 위 기사의 밑줄 친 문장 중 '파급력'의 뜻은 무엇일까?

② '파급력'이 오프라인에 비해 훨씬 파괴적이라는 말의 의미는 무엇일까? 만약 단톡방에서 친구와 나눈 남의 험담이 공개된 것과 일상생활에서 남의 험담을 한 것 중에 어떤 것이 파급력이 세고 더 파괴적일까? 그 이유는 무엇일까?

2. 신독(愼獨)

모든 사회, 특히 한국 사회에는 체면과 위신, 눈치 같은 것이 사회질서를 유지하는 데 불가결하다. 비록 이중적이고 위선적인 요소가 없지 않지만, 체면이나 위신 같은 것을 완전히 무시하고 다른 사람의 눈치를 전혀 살피지 않은 채 사람들이 모두 자기 마음에 내키는 대로 말하고 행동한다면 사회는 난장판이 되고 말 것이다. ⓘ우리나라 사이버 공간이 이 모양이 된 것은, 거기서는 다른 사람의 눈치나 체면 같은 것을 무시해도 되기 때문일 것이다.

한 사람의 인격수양은 그 사람이 혼자 있을 때 어떻게 생각하고 행동하는가에 따라 결정된다 할 수 있다. 혼자 있을 때의 생각과 행동이 그 사람의 가장 정직하고 솔직한 모습이 아니겠는가? ⓛ동양 전통에는 홀로 있을 때 삼가야 한다는 의미의 '신독'(愼獨)이란 것이 있다. "홀로 서 있어도 자기 그림자에게 부끄러움이 없고, 홀로 잘 때도 자기 이불에게 부끄러움이 없다"(獨立不慙影 獨寢不愧衾)는 말에 잘 표현되어 있다. 그런데 과연 진정한 신독이 가능할까?

— <문화저널21>, 2018. 9. 4. 손봉호 교수의 시대읽기 '사이버 공간과 신독' 중

① 밑줄 친 ㉠과 같이 된 이유는 사이버 공간의 어떤 특성 때문인지 <보기>에서 고르시오.

보기
자율성, 익명성, 다양성, 개방성

② 사이버 공간에서 ㉡이 필요한 이유는 무엇일까? ㉡을 잘 지킬 수 없다면 어떤 제도가 필요할까?

대부분의 학생들은 ㉡~㉤이 모두 잘못된 행동이라고 했으나 반에서 한두 명 정도의 아이들은 ㉡외모에 대한 비하는 잘못이 아니라고 했다. 그 이유는 평소에도 남의 외모에 대한 이야기를 많이 하는데 특별히 잘못이라고 느끼지 않기 때문이라고 했다. 그래서 나는 학생들에게 '단톡방에서 외모에 대한 품평을 하는 것이 문제인가, 외모에 대해 평소에도 이야기하는 것이 문제인가?'라고 질문했다. 그러자 아이들은 '단톡방'이라는 공간을 문제 삼았다. 평소 대화를 나누는 것보다 영향력이 큰 것 같다고 말했다. 그리고 모든 아이들이 3번 질문 누군가 나의 외모를 사이버 공간에서 품평한다면 기분이 어떨까, 라는 질문에는 대부분 부정적으로 답했다.

읽기자료 중 '신독'에 관한 자료는 혼자 있을 때도 양심에 어긋나지 않는 행동을 하는 것이 중요하다는 깨달음을 주기 위해 실은 자료이다. 어떤 아이들은 '솔직히 걸리지만 않으면 죄가 아닌데 단톡방은 공개된 공간이므로 반드시 걸리기 때문에 나쁘다'고 말했다. 자율적이고 주체적인 삶은 법적 처벌 유무와 상관없이 양심에 따르는 행위를 하는 태도에서 비롯한다. 아이들의 도덕성 발달단계가 평균적으로는 '4단계_법적 처벌을 받는 행위는 하지 않는다'가 되길 바라고 조금 더 욕심을 내자면 '5단계_법을 넘어서서 양심에 따르고 인권에 위배되지 않는 행위를 해야 한다'는 단계로 올라서기를 바란다.

학생들의 답변

2번 질문: ㉡~㉤이 잘못인 이유

들키지 않더라도 피해자가 들으면 기분 나쁠 만한 말을 하면 안 되므로.

성에 관한 말은 조심해야 한다.

피해자를 모욕한 행위는 반성하지 않았다는 것이므로 더 나쁘다.

사람이 할 일이 아니다.

자신이 당하면 기분 나쁠 일은 절대 해서는 안 된다.

단톡방에서 성희롱과 언어 성폭력을 한 것은 실제 범죄로 이어질 수 있으므로.

톡으로 이야기를 나누면서 다른 학생들이 나쁜 생각을 갖게 만들었다.

공개적인 곳에 잘못된 생각을 적은 것이므로 등등.

3번 질문: 나의 외모를 누군가 사이버 공간에서 평가했다면?

온갖 욕이 나올 것 같다. 기분이 더럽다. 피가 거꾸로 솟는 기분이다. 가만 두지 않을 것이다. 상처 받는다. 내 앞에서 한 게 아니므로 찌질해 보여서 기분이 더 안 좋다. 신고할 것이다. 처벌받게 할 것이다.

다행히 학생들은 사이버 공간에서의 이런 행위들이 폭력이 될 수 있음을 인지하고 있었다. 초등학교 시절부터 사이버 폭력과 학교 폭력 등에 관한 교육을 수시로 받은 효과라고 생각한다. 나는 주변 분위기에 휩쓸려 참여한다 해도 용서받지 못할 수 있으므로 옳지 못한 행위는 가담하지 않는 용기와 주체성이 필요하다고 강조하였다.

① **<JTBC 비정상회담- 외모지상주의 '외모 때문에 불행한 나, 비정상일까요?(2015. 4. 20)>**

2015년에는 〈비정상회담〉 프로그램이 한창 인기가 많아서 학생들도 흥미를 갖고 외국인들의 토론을 지켜보았다. 각 회마다 나온 토론 주제들도 단순한 신변잡기가 아니라 한국사회의 문제 혹은 인간 사회를 아우르는 문제들이다. 게다가 여러 나라 분들의 각 관점을 비교해볼 수 있어서 학생들과 함께 보고 이야기를 나눠도 좋은 영상물이다.

외모지상주의에 대한 토론 영상은 각국의 외모지상주의 실태를 비교할 수 있고 게스트 혜민 스님의 주옥같은 말도 들을 수 있다. 지금 보여줘도 내용면에서는 손색은 없지만 아무래도 한창 인기 있던 때보다는 학생들의 반응이 조금 약할 수 있다. 2015년에는 편집하지 않은 채로 보여주었다. 당시에는 영상물을 편집할 시간이 없기도 했고 또 끊어서 보여주자니 안 보여주기엔 아까운 발언들과 내용들이 많아 결국 거의 다 보여주었다. 15분 정도로 간단히 편집을 하여 보여주기를 권한다.

② **소설 『죽은 왕녀를 위한 파반느』(박민규 지음, 예담 출판, 2009)**

베스트셀러를 넘어 스테디셀러라 칭할 만하다. 이 소설은 매우 못생긴 여자와 그녀를 사랑한 한 남자의 연애 스토리다. 외모지상주의 수업이 끝날 때 이 소설의 중요 부분을 함께 읽는 시간을 가졌다. 몇몇 학생들이 이 소설을 읽고 싶다며 도서관에 가기도 했다. 외모 때문에 차별받았던 여자의 아픔, 외로움의 내면 묘사가 압권이다. 촌스럽지 않다(개인적으로는 읽으면서 눈물을 흘리기도 했다).

③ EBS 다큐프라임 <남과 여- 끌림 무의식의 유혹>

EBS 다큐프라임 - Docuprime_남과 여 1부, 끌림, 무의식의 유혹_#004과 #005

이 실험은 배란기 여성과 비(非)배란기 여성의 걸음걸이(물론 동일한 여성이며 실루엣만 보고 판단한다)를 보고 남성들에게 더 끌리는 쪽을 선택하라는 실험이다. 많은 남성들이 배란기 여성의 걸음걸이를 더 끌리는 쪽으로 선택한다.

배란기 여성은 눈동자가 촉촉해지고 입술이 조금 붉어지며 피부가 좀 더 뽀얗게 된다고 한다. 화장이란 배란기가 아닌 때에도 배란기 모습을 유지하기 위한 수단이라는 주장이 있다. 남성 중심 사회에서 남성에게 선택받기 위한 수단으로 여성들은 화장이라는 수단을 사용했다는 것이다. 물론 현대 사회에서 여성이 '남자에게 선택받기 위해' 화장을 하진 않는다. 대부분의 여성들은 엄마가 하는 것을 보고, 주변의 어른 여성들이 하는 것을 보고, 매스컴에 나온 여성들이 화장을 하는 것을 보고 '여자는 화장을 하는가 보다'라고 받아들이고 습관처럼 화장을 시작하고 계속 하는 것이다. 또 '화장하면 예뻐진다는 진리 아닌 진리'가 미신처럼 퍼져 있기 때문에 화장을 열심히 하는 경향도 있다.

필요에 따른 화장이라면 하는 것은 상관없다. 나는 실제로 얼굴 위에 큰 반점과 흉터를 가리기 위해 화장하는 사람도 봤다. 또 특별한 예식이 있다면 메이크업이 필요할 수도 있고 옷을 바꿔 입어 기분 전환하는 것처럼 화장을 할 수도 있다. 문제는 등교(혹은 출근) 시간에 화장하느라 불필요한 시간을 낭비한다든가, 더운 여름에 땀을 닦지도 못하며 불편하게 지낸다든가, 적은 수입에 화장품 사느라 돈을 낭비한다든가, 화장품으로 인해 피부가 망가지는 걸 알면서도 습관적으로 한다든가, 남의 시선 때문에 하기 싫은 날에도 억지로 화장을 하고 있다면, 화장의 주체성 문제를 따지지 않을 수 없다.

도덕의 자율성, 즉 주체성 문제는 역시 '화장'에 대한 주제를 탐구하면서 논의할 수밖에 없다. 당장 화장품을 버리라든가, 화장을 그만두라든가 하는 이야기를 하자는 것이 아니라, 남자든 여자든 누구를 위해 외모 꾸밈 강박에 시달리고 있는지 점검해볼 필요가 있는 셈이다.

④ 탈코르셋 운동

노메이크업 운동의 더 넓은 범주의 운동이다. 화장을 포함해서 여성들에게 강요된 여성성과 그로 인해 여성의 육체와 정신을 옥죄는 그 모든 행위들에 대해 거부하는 움직임이다. 인류 역사에서 오랜 기간 여성이 남성에 비해 약자였고 그렇기에 여성에게 더 많은 강요들이 있어왔기에 이제 여성들이 그 강요의 껍데기를 벗어나고자 입을 열고 실천하기 시작한 것이다.

남성이든 여성이든 '이것이 남성이고 저것이 여성이다'라고 규정짓는 것 자체가 양성평등에 위배되는 가치관이다. 학생들에게는 요즘의 이슈이자 양성평등의 고귀한 실천적 움직임으로 소개해주면 좋겠다. 더불어 남학생들에게도 강요된 그 무엇이 없어야 한다고 - 예를 들어 남자는 키가 커야 한다, 가정 경제는 남자 즉 아버지가 책임지는 것이다, 남자가 화장하면 이상하다, 남자가 아기를 돌보면 이상하다, 남자는 울면 안 된다 등 - 강조한다.

탈코르셋 운동 정의

탈코르셋 운동은 말 그대로 '코르셋'에서 탈피하겠다는 의미로, 사회에서 '여성스럽다'고 정의해 온 것들을 거부하는 움직임을 통칭한다. 코르셋은 여성의 몸이 날씬하게 보이도록 상반신을 꽉 조이는 보정 속옷을 말한다. 탈코르셋 운동은 그동안 사회에서 여성에게 강요한 외적 기준을 코르셋에 빗대어 이로부터 벗어나자는 뜻에서 짙은 화장이나 긴 생머리, 과도한 다이어트 등을 거부한다. 여성들은 소셜네트워크서비스(SNS) 등에 부러뜨린 립스틱 등의 화장품, 짧게 자른 머리카락, 노메이크업에 안경을 착용한 인증샷들을 올리는 것으로 탈코르셋을 표현한다.

6월 6일 SNS에 따르면 한 네티즌이 "나는 더 이상 선크림을 바르지 않는다. 한국 여자들이 선크림을 바르는 이유는 흰 피부를 유지하기 위함이다. 솔직해지자"라고 글을 남겨 논란이 일었다. 선크림은 피부질환을 방지하기 위한 자외선 차단용일 뿐 누구에게 보여주기 위한 용도로 사용하는 것이 아니라는 지적이 나오면서 논쟁은 더욱 확산됐다. 이에 여성단체들은 탈코르셋을 외치는 배경에 주목해야 하며, 다소 극단적인 의견이라도 그 주장이 나온 상황이나 맥락을 잘 살펴봐야 한다고 밝혔다. ― <에듀윌 시사상식> 2018년 07월호

탈코르셋 운동 관련 글

외모를 꾸미지 않을 권리

탈코르셋은 몸매 보정 속옷을 뜻하는 '코르셋'을 벗어난다는 의미이다. 여성들이 남의 시선을 의식해 억지로 외모를 꾸미지 않을 것을 주장하는 사회적이고 정치적인 운동이다. 남자의 보호 본능을 자극한다고 광고하는 복숭아색 볼 터치, 붉은색 아이섀도 등 건강에도 해로운 색조 화장, 눈매를 또렷하고 부드럽게 보이기 위해 연장하는 속눈썹, 갸름한 얼굴형을 위한 턱 보톡스, 안면 윤곽주사 시술 등……. 이른바 '예뻐지기 위한 노력'이 많은 시간과 돈을 낭비하는 일이자 끊임없는 강박이라는 것을 여성들은 잘 안다. 탈코르셋 운동을 통해 "여성은 아름다워야 한다"는 암묵적인 규범을 거부하고 있다. 가부장제에 세뇌된 미의 기준을 벗어나고, '여리여리하다'느니 '소녀 같다'느니 하는 말로 주입된 '여성성'을 부수고 싶

다. 화장과 다이어트, 성형뿐 아니라 최근 유행하는 크롭티, 미니스커트, 오프숄더 등 신체를 부자유스럽게 하는 옷 대신 편한 복장을 하고 다님으로써 신체의 해방을 가져왔다. 나는 탈코르셋이 시대의 흐름이라고 생각하는 페미니스트로서, 내 경험을 바탕으로 탈코르셋 운동이 내 삶에 가져온 변화에 대해 이야기하고 싶다.

예뻐야 하는 여자에서 자유로운 '사람'이 된다는 것은

나는 계절에 상관없이 반바지와 테니스 스커트, 몸에 딱 붙는 상의를 즐겨 입었다. 버스를 탈 때, 지하철 에스컬레이터를 오를 때 누가 내 몸을 쳐다볼까 찝찝했다. 그럼에도 예뻐 보이고 싶어서 불편해도 꾸역꾸역 입었다. 하체가 통통한 것이 콤플렉스인 나에게 하체 비만인 여자는 짧은 하의를 입어야 예뻐 보인다고 미디어에서 알려줬다. 또 딱 붙는 티를 입으면 하체로 갈 시선이 상체로 오기 때문에 날씬해 보인다고 배웠다. 이 두 가지를 나의 옷 입는 스타일에 반영했다. 나는 내 다리를 몇 초간 뚫어지게 쳐다보는 남자들의 시선보다 그들이 내 몸매를 어떻게 평가할지 더 신경 써왔다. '내가 꾸미고 싶어서 꾸몄는데 뭐가 문제야?'라며 남의 시선을 신경 쓰지 않았다고 하는 것은 모순이다. 크롭티를 입고 외출하면 그날은 밥도 제대로 못 먹었다. 오프 숄더를 입고 외출하면 버스 손잡이도 제대로 못 잡았다. 구두를 신고 외출하면 돌아다니다가 발에 피가 났다. 그때의 나는 예쁜 게 최고라고 생각하며, 타인이 내 모습을 평가하는 것에 심하게 집착했던 것이다. 그래서 스트레스도 엄청 받았다.

(중략)

탈코르셋 이후, 이제 나는 더 이상 안절부절하지 않는다. (중략) 탈코르셋 전에는 화장이 무너지거나 머리 스타일이 망가질까봐, 땀 흘리는 것과 비 오는 날이 혐오스러웠다. 지금은 정반대다. 탈코르셋을 통한 신체의 해방은 나에게 땀 흘리며 운동하는 즐거움을, 비 내리는 거리를 거니는 여유를 선물했다. 내가 계속 테니스 스커트에 크롭티만 입고 다녔다면, '따릉

이'(서울시 공용자전거)를 타고 한강을 달리는 자유를 만끽하지 못했을 것이다. 내가 그동안 외모 망가질까봐 꺼리던 활동들을 하며 스트레스를 풀게 되다니, 이제야 제대로 사는 것 같다.

"예쁜 게 여자의 능력?" 내 안의 여성혐오와 마주하다

수많은 드라마, 영화, 웹툰, 광고에서는 '여자는 다 필요 없고 예쁜 게 최고다'고 강요한다. '여자는 몸매가 좋아야 자기 관리하는 거다', '여자는 남자의 말에 이기려 들지 말되, 스킨십은 적극적으로 리드해야 한다' 등등. 말하자면 끝이 없는 '일부' 남자들이 생각하는 '개념녀'(?) 프레임. 나는 이 프레임에 갇힌 피해자였다.

(중략)

가슴 밑까지 오는 긴 머리 소유자였던 나는, 머리를 감고 말리는 데에만 30분 이상 걸렸다. 고개 숙여 음식 먹을 때 머리카락이 흘러내려 불편했다. 바람이 많이 부는 날에는 머리카락이 시야를 다 가렸고, 입에도 왕창 들어왔다. 겨울에 눈이라도 맞으면 젖은 머리카락이 그대로 꽁꽁 얼었다. 몇 달 전에는 머리카락이 엘리베이터 문 사이에 낀 적도 있다. 그때 나는 내가 아니라 '머리 스타일'이 죽지 않았는지부터 살폈다.

(중략)

"인생에서 한 번은 아이돌처럼 말라봐야지", "오늘 눈 화장 잘됐다?", "너 팔뚝 좀 살쪘다", "야, 남자들은 그런 성격 별로 안 좋아해", "여자 연예인 누구, 너무 예뻐서 부러워" 아무렇지 않게 해 온 이야기들은 사실 우리 안에 '여성혐오'가 자리 잡게 했다. 내 안의 여성혐오는 사회적으로 규정된 여성의 역할을 나 자신에게 강요했다. 또 나의 외모를 있는 그대로 받아들이지 못하게 했다. 아주 자연스럽게 세포 단위로 외모를 품평하게 만들고, 하루에 한 끼만 먹는 가혹한 다이어트를 하게 만들었다. (하략)

- 미디어<'일다>에 실린 글 '페미니스트 저널 일다' 원은지 씨의 글 일부 발췌(2018.10.3).

탈코르셋 운동이 이슈이기 때문에 상당한 기사와 칼럼이 쏟아지고 있다. 이 중 특별히 '일다'에 실린 글을 소개한 건 실제로 탈코르셋 실천을 한 사람의 생생한 이야기를 싣고 싶어서다. 나 역시 윗글의 글쓴이처럼 생각하고 행동한 적이 있었기에 공감이 많이 됐다. 20대부터 30대 초반까지 '남이 나를, 특히 외모를 어떻게 평가할까?'를 늘 신경 쓰며 살았다. 신경 쓰며 산다는 것을 들킬까봐 신경 안 쓴다고 주장한 적도 있었다(신경 안 쓰는 것처럼 보이면서 속으론 신경 쓰는 일이 더 피곤하다). 외모 평가에 신경 쓰다 보니 방학이 끝나고 '살 찐 것 같네'라고 개학날 내게 말하는 동료가 그렇게 미울 수 없고 그 사람을 볼 때마다 나도 모르게 위축되었다. 물론 아무렇지도 않게 외모 품평을 하는 사회의 분위기가 문제지만 그 분위기에 굴하지 않고 '찔 수도 있지'라고 넘길 수 있는 여유가 전혀 없었던 것이다(지금은 스스로가 '방학 때 2kg 쪘네요, 맥주를 많이 마셔서'라고 말하기도 한다. 그건 내가 방학 때 '책을 읽고, 어디 어디 여행 갔다 왔어요'라고 말하는 것처럼 일상이야기를 하듯 말하는 것이다. 쪄서 슬프지도 않고 빠졌다고 기쁘지도 않은 거다. 건강에 적신호가 켜지지 않는다면).

외모 평가에 대한 두려움은 '내 인생이 남들에게 어떻게 보일까?'로 확장된다. 이러다 보니 성격도 더 예민해졌다. 그러다가 피부 트러블 때문에 모든 화장을 중지하기 시작하면서 몇 년째 노메이크업을 하게 되었다. 처음엔 화장을 안 하고 출근하고 학생들을 마주한다는 게 굉장히 두려웠다. 그러나 알았다, 곧, 아무도 나에게 신경 쓰지 않는다는 걸. 심지어 화장을 안 하고 다니니 아침 출근 준비가 그렇게 간단할 수가 없었다. 그러면서 철마다 새 옷을 사들이고 버리는 습관도 점점 없어졌다. 남들 시선을 신경 안 쓰게 되니 내 일에만, 내 인생에만 집중할 수 있었다. 난 이런 경험을 학생들에게 가감 없이 이야기해준다. '화장을 하지 마라'보다는 '화장은 하나의 선택이며 안 한다고 해서 큰 일이 일어나지는 않는다'는 걸 말해주고 싶은 것이다.

다시 한 번 강조하지만 머리를 길든 자르든, 화장을 하든 안 하든, 깔창을 끼든 안 끼든 이 모든 행위들은 주체적인 생각에서 나온 것이어야만 한다는 것이다. 만약 화장을 하고 머리를 기르고 예쁘지만 불편한 옷과 신발을 착용하는 것이 단지 남들이 다 그렇게 하니까, 남들 눈을 의식해서 하는 행위라면 문제가 있다. '숏 컷=여성 해방=양성평등'의 논리로 인식되면 곤란하다. 다만 '여성성', '남성성' 강요가 우리 사회가 '외모지상주의 사회', '외모 품평의 사회' '남녀 차별의 사회'로 만드는 데 일조했음을 부인할 수 없음을 직시해야 하고, 아이들은 (스스로) 반드시 잘못된 가치관을 타파하고 올바른 가치관을 정립할 기회를 가져야만 한다. 그 기회 제공을 학교에서 하면 더 좋겠다.

4장. '사랑'을 둘러싼 문제

삶의 두 가지 중심축은 '돈'과 '사랑'이라고 생각한다. 돈과 사랑은 인간이 가장 관심 갖는 주제이기도 하다. '돈'은 육체에 최소한의 영양을 주는 토대이며, '사랑'은 영혼에 영양을 주는 토대이다. 인생에서 돈 관리를 잘하고, 사랑을 주고받는 든든한 인간관계를 유지하며 산다면 그것이 행복이 아닐까? 바꿔 말하면 이 중 한 가지만 관리를 잘 못해도 인생이 불행하다고 느낀다는 것이다. 비도덕적인 일 대부분이 돈 혹은 인간관계를 잘못 관리해서 발생한다.

도덕 시간을 포함한 학교 수업 시간에 우리는 지금보다 더 많이 돈과 사랑에 대해 이야기해야 한다. 중학교 도덕교과서에서 '사랑' 이야기는 성윤리와 10대 이성교제에서 주의할 점 정도가 나온다. 그러나 현실 사랑 이야기는 그야말로 드라마 '사랑과 전쟁'이다. 이혼 가정이 급증하고 있는 이 시점에서 남녀 간의 사랑을 포함한 인간관계의 현실을 아는 아이들에게 고상한(?) 이야기만 할 순 없다. 그래서 수업시간엔 되도록 현실적인 이야기들 - '이혼'과 '연애', 현실 이성교제의 고민거리, 혼전동거 등의 문제까지 탐구해보는 시간을 가졌다.

참고로 이 수업은 중학교 3학년을 대상으로 이뤄졌다. 중학교 1학년이 이해하기엔 좀 이르고 중학교 2학년도 1학기보다는 2학기 중후반 이후가 적당하다. 중학교에 오래 근무하다보니 1학년과 2학년 또 3학년의 한두 살 차이가 꽤 크다는 걸 느꼈다. 학생들이 사회를 보는 시각과 관심 갖는 주제가 학년 급이 올라갈수록 평균적으로 변하며 이해의 폭도 달라진다. 아무래도 이혼이라든가 연애와 사랑에 대한 주제를 심도 깊게 다루려면 중학교 3학년 수준 혹은 중학교 2학년 후반이 적당하다.

차시별 수업 진행

1차시 '이혼' 실태와 '혼전동거' 찬성 반대_브레인라이팅

2차시 에리히 프롬의 『사랑의 기술』 소개 및 탐구

3차시 10대 연애의 현실_영화 <제니, 주노>를 통해 알아본 10대 성의식 및 임신 문제 탐구

4차시 프랑스의 '팍스법'을 통한 다양한 가족 관계 양상 탐구

5차시 '데이트폭력'에 대한 탐구

6차시 '잘 헤어지는 법'_사랑의 에티켓에 대한 탐구

1. '이혼'에 대한 생각: 토닥토닥 위로받는 아이들

'이혼'은 수업시간에 쉽게 이야기할 수 있는 소재는 아니지만 요즘 현실에서 드물지 않게 접할 수 있는 사건이다. 이혼 가정에서 사는 학생들도 있다. 부모의 이혼을 겪은 아이들은 '사랑이라는 게 존재하긴 하는 걸까?' 의식적으로든 무의식적으로든 깊은 의문을 품을 수 있다. 당장 사회 일반에서 칭하는 온전한 가정에서 살지 않는다는 편견 때문에 심적으로 괴롭기도 하다.

수업에서 '이혼'이 옳은가, 옳지 않은가를 도덕적으로 따지지 않았다. 실상 따질 수 없는 문제이기도 하다. '이혼은 안 돼!'라는 말에 나오는 '안 돼'라는 말 때문에 이혼이 도덕적으로 옳지 않은 일이라는 편견을 가질 수 있다(이래서 말이 무섭다. 언어가 가치관을 규정지을 수 있기 때문에). 이제 '이혼'에 도덕적인 잣대를 들이대는 일은 하지 말아야 한다. 그렇다고 이혼을 권장하는 것은 아니다. '이혼'은 한 사람의 인생에서 하나의 사건일 뿐이다. 다만 자녀가 있는 경우 당사자들과 다른 고통의 양상이 있다는 측면에서 조금 조심스럽게 다루어야 할 사건이다. 이혼으로 인한 한부모가정이든 사별로 인한 한부모가정이든 한부모가정 자녀들이 학급에 꼭 존재하기 때문에 '이혼'은 일어날 수 있는 사건이라고 중립적으로 말해준다. 이건 마치 '결혼'이 일어날 수 있는 사건 중의 하나인 것과 마찬가지인 것이다. 그리고 이혼을 할 때 쉽게 결정한 사람은 아무도 없다는 걸 인지시켜 준다.

이혼 가정의 아이들은 대부분 부모님이 이혼했다는 사실을 굳이 드러내지 않는다. 어쩌면 부모님에 대한 원망이 많이 남아 있을 수 있다(아닌 경우도 있다). 그러나 부모님이 이혼을 결정할 때 마음속으로 굉장히 고민하며 결론을 내린 거라고 말해준다면 상처가 완벽히 치유될 순 없겠지만 또 다른 각도에서 부모님의 입장을 바라볼 수 있는 계기가 된다. 청소년기의 아이들은 여러 측면에서 문제를 바라보지 못한다. 이때 신뢰감 있는 교사의 한마디는 다른 각도에서 문제를 바라볼 수 있게 도와줄 수 있다. 지금 당장은 아니지만 어른들의 편견에 사로잡히지 않은 진실과 진심이 반복되다보면 사춘기 애들의 시야를 넓혀주는 데 도움을 준다고 믿는다.

수업 시간에 '이혼'이라는 단어를 던지며 이런 저런 이야기를 자유롭게 나눴다. 나는 다음과 같은 질문들을 던졌다.

'사랑하지 않는 상태에서 계속 결혼 생활을 유지해야 하는가?'
'자녀가 있다면 사랑 없는 상태라도 인내하며 살아야 하는가?'
'칸트와 벤담이라면 이혼에 대해 어떤 결정을 내릴 것인가?' 등.

아이들은 다양한 답변을 했다. 사랑하지 않는데 계속 사는 건 힘들다, 하지만 애가 있다면 참고 살아야 한다, 아니다, 애 때문에 참고 살 수는 없다 등. 이때 한 남학생이 한 말이 아직도 기억에 남는다.

"선생님, 저희 집은 부모님이 이혼했어요."

사실 너무 놀랐다. 주변 아이들도 뜨악한 표정이었다. 어색한 침묵이 잠시 흐른 뒤 내가 물었다.

"어, 이혼이 나쁜 것도 아니고 굳이 숨길 것도 아니지만, 어 이렇게 밝혀도 되나요?"

"네, 괜찮아요. 제가 괜찮아요."

"응, 그렇지."

당사자가 괜찮아 하니까 주변 아이들도 뜨악한 표정을 조금 풀었다. 모든 아이들이 '이혼 가정 커밍아웃(?)'을 하라는 건 절대 아니다. 다만 이렇게 자유롭게 이야기하는 가운데서 '어, 이혼이 이상하거나 나쁜 건 아니다' 정도 인식을 해주었으면 한다. 물론 이혼으로 받는 상처는 제 각각이겠지만 말이다.

이혼 이야기를 하면서 자연스럽게 '그럼 잘 맞는지 안 맞는지 미리 살아보고 결혼하는 형태는 어떨까? 일종의 동거'라고 운을 띄웠다. 학생들에게 포스트잇을 나눠주고 혼전동거에 대한 찬성과 반대 입장을 표현하게 했다. 굳이 포스트잇을 주고 익명으로 의견을 받은 이유는 '동거 찬성'이라고 공개적으로 말하면 학생들이 장난으로라도 야유를 퍼부을 수 있기 때문이다. 진실한 답변을 원했기 때문에 포스트잇을 사용했다.

동거의 찬성 반대 의견을 쓰기 전에 프랑스의 '팍스법'에 대해 설명했다. '팍스법'은 모든 동거 부부에게 정식 혼인신고한 부부와 똑같은 법적 보호와 혜택을 제공하는 제도이다. 프랑스는 '팍스법'을 시행한 이후 출산율은 올리고 이혼율은 낮추는 효과를 거뒀다. 학생들에게는 동거 찬성 반대에 대해 다음의 3가지 중 하나를 선택하라고 했다.

1. 법적 보호를 받는 동거인 경우만 찬성

2. 법적 보호를 받지 않아도 동거 찬성

3. 무조건 반대

그리고 포스트잇에는 반드시 성별을 기록하라고 했다. 다음은 그 결과이다.

2014년 S중학교 3학년 4개 학급(응답자 총 117명) 혼전동거에 대한 생각

	1. 법적 보호 받는 동거 찬성	2. 법적 보호 없어도 동거 찬성	3. 무조건 반대
남학생(69명)	45명(65.21%)	17명(24.63%)	7명(10.14%)
여학생(48명)	32명(66.66%)	11명(22.91%)	5명(10.41%)

남학생과 여학생에게 유의미한 의견 차이가 있을 거라고 예상했지만 비율로 따져 보면 차이가 거의 없는 결과가 나왔다. 특히 '법적 보호 받는 동거 찬성'에서도 여학생들의 비율은 오히려 남학생보다 조금 더 높다. 여학생들의 찬성표가 나올 때마다 남학생의 찬성표보다 더 격한 반응이 나온다. 아직도 우리 사회에서는 여성이 사회의 금기를 깨는 것이 더 어렵고 대단한(?) 일로 느껴지기 때문일까?

대부분은 사랑해서 결혼을 하지만 여러 가지 사유로 이혼을 선택할 수 있다. '영원한 사랑이란 있을 수 있을까?' 고전적인 질문에 대한 탐구가 필요하다. 그래서 에리히 프롬의 『사랑의 기술』의 내용을 소개하고 함께 탐구하는 시간을 갖는다.

2. 에리히 프롬에게 사랑의 기술을 배우다

"자! 사랑의 기술을 배워보자!"

하면 학생들은 호기심을 갖는다. 몇몇 학생들은 키득거리기도 한다. 에리히 프롬의 『사랑의 기술』을 수업할 때 벌어지는 일이다.

나는 에리히 프롬의 『사랑의 기술』을 서른 살 무렵에 읽었다. 고전은 그야말로 누구나 알고는 있으나 아무도 읽지 않은 책이라는 말을 실감한다. 제목은 많이 들었지만 읽을 생각조차 안 하고 있다가 계속되는(?) 소개팅 실패와 연애의 허술함(?)을 견딜 수 없어 이 책을 집어 들었던 것이다. 이 책을 읽고 나서(연애에 관한 반성보다는) 지금까지 사람들을 대하는 방식이 잘못되었음을 깨달았다. 연인 간 관계에서뿐만 아니라 가족이나 친구를 대할 때에도 주는 척했지만, 실은 무언가를 자꾸 요구하고 받아내기만을 바랐다는 걸 알게 된 것이다. 『사랑의 기술』은 연인과 부부간의 사랑만이 아니라 다른 인간관계에 있어서도 지혜를 주는 책이다.

에리히 프롬은 이혼 경력이 있다. 그는 (누구나 들처럼) 몇 번의 연애를 한 뒤 한 여성과 결혼 생활을 하면서 진정한 사랑의 의미를 깨달았다. 그런 뒤 쓴 책이 『사랑의 기술』이다. 학생들에게 에리히 프롬이 이런 저런 사랑의 아픔을 겪고서 쓴 책이 『사랑의 기술』이라고 하면 흥미를 갖는다(철학자들의 사상을 소개할 때 가장 좋은 방법은 학생들에게 철학자 개인사를 곁들여 이야기해주는 것이다).

제목이 그럴싸하지만 (솔직히) 진짜 기술적인(?) 측면에 대한 이야기는 없다. 흔히 말하는 밀당 전략이라든가 고백하는 법, 소개팅에서 성공하는 법과 같은 기술(?) 말이다. 이 책의 주장은 우리가 지금까지 갖고 있던 사랑에 대한 통념을 뒤집는다. 우리는 흔히 '사랑'은 '받는 것'이라는 생각을 한다. 누가 나를 사랑해주기를 기다리고 있는 것이다. 또 사랑에 빠지기를 바란다. 눈에 콩깍지가 씌어서 로맨스 드라마에 나오는 것처럼 열렬히 사랑에 빠지고 연애하는 게 사랑이라고 믿는다. 그래서 우리는 사랑'받기' 위해 다이어트하고, 성형하고, 화장하고, 예쁜 옷을 입고, 멋진 차를 몰고, 화술을 익힌다. 결국 사랑에 빠지고 사랑받는다.

그러나 현실은 여기서 끝이 아니다. 우리가 언제까지나 젊은 몸, 아름다운 얼굴, 멋진 차를 소유할 순 없다. 이 껍데기들이 벗겨지면 우리는 사랑받을 수 없고 우리는 버림받는 건가. 어쩌면 연애를 길게 하지 못하는 사람들은 동화 같은 환상이 벗겨지고 난 뒤 더 이상 사랑받을 수 없음을 혹은 사랑에 빠지지 못함을 견디지 못하는 게 아닐까.

결국 에리히 프롬은 사랑은 '빠지는 것'의 수동의 상태가 아니라 '하는 것' 능동의 상태여야만 한다고 강조한다. 사랑의 기술 원문 제목은 'Arts of love'가 아니라 'Arts of loving'이다. 'Loving'은 동사이다. 사랑은 가만히 무생물처럼 있는 게 아니라 활발하게 움직이는 활동이다. 이와 더불어 사랑은 '받는 것'이 아니라 '주는 것'이어야 한다. 사랑을 받는 자는 가난한 자이다. 그러나 사랑을 주는 자는 여유 있기 때문에 (누군가에게 사랑을) 계속 주는 것이다. 정신과 영혼의 풍요로움을 바탕으로 무언가를 베푸는 것, 이것이 진정한 사랑이며 사랑을 지속시킬 수 있는 기술이다. 우리는 평소에 사랑을 주는 연습을 열심히 해야지만 진정한 사랑을 할 수 있다. 사랑을 주는 연습이란 무엇인가? 아무도 보지 않지만 복도의 쓰레기를 줍는 행위, 도움이 필요한 사람을 도와주는 행위, 위로가 필요한 사람에게 따뜻한 위로를 주는 것.

그러나 책 원문 자체는 어렵다. 위의 핵심내용은 이해하기 쉽지만 이 내용들 이외에 인간 본성에 대한 탐구, 이기심을 없애는 기술, 자본주의 사회 특성에 관한 고찰

부분은 상당한 철학에 대한 관심과 인내심 그리고 교양과 배경지식이 없으면 읽어 내기 힘들다. 그럼에도 불구하고 이 책의 존재는 꼭 알려야 한다는 사명감이 있어 수업시간에 쉽게 풀어서 학생들과 탐구하는 것이다.

　문답법과 강의식도 좋으나 가장 좋은 방법은 책을 읽고 함께 탐구하는 것이다. 『도덕을 위한 철학통조림-달콤한 맛』(김용규) '사랑은 어떻게 해야 하나?' 편에 에리 히 프롬의 주장이 실려 있다. 학생을 위한 철학 에세이이므로, 이 책의 필요한 부분 을 학생들과 함께 읽어보며 탐구하고 정리하는 시간을 가져도 좋다. 또 유튜브에 『사랑의 기술』의 주요 내용을 10분 정도로 간략히 정리한 동영상 자료도 있으므로 활용하면 좋다. 주요 내용을 정리한 뒤 인터넷 검색을 통해 '주는 사랑'을 실천하는 사례를 찾아보고 발표하게 하면 좀 더 현실에 발을 붙이는 수업이 될 수 있다. 혹은 자신이 평소에 어떤 사랑을 실천할 수 있는지 생각하고 이야기하게 하는 것도 좋다.

　사랑은 주는 것이라는 말은 머릿속으로는 응당 이해는 가지만 실천하기는 꽤 힘 들다. 인간은 근본적으로 이기심을 갖고 있고 현재 우리는 자본주의 사회를 살아가 다보니 손익 계산을 하는 것에 익숙해서 사랑에 있어서도 자꾸 주는 것보다 받는 것, 받을 수 있는 것만 생각하는 습성을 갖고 있다. 그러나 사랑의 본질을 몰라서 영원히 실천하지 못하는 것보단 알면서 꾸준히 실천하려고 노력하는 게 더 나은 인 생 아닐까? 인생을 계속 살아가면서 어제보다 오늘이, 오늘보다 내일이 더 발전하여 행복하게 살아갈 수 있는 것이 좋지 않을까?

에리히 프롬의 「사랑의 기술」탐구 방식

① 『도덕을 위한 철학통조림-달콤한 맛』(김용규) '사랑은 어떻게 해야 하나?' 편 읽고 탐구하기.

② 『사랑의 기술』의 주요 내용을 10분 정도로 간략히 정리한 동영상 자료 보여주고 내용 정리하기.

③ 인터넷 검색을 통해 '주는 사랑'을 실천하는 사례를 찾아 발표하기.

『도덕을 위한 철학통조림-달콤한 맛』<사랑은 어떻게 해야 하나?>편

(가)

아빠: 당연하지! 부모는 아이의 장래를 위해 나쁜 성적을 받으면 그것을 나무랄 수는 있다. 하지만 만일 어떤 부모가 아이의 학교 성적이 나쁘다고 해서 그 아이의 존재 자체를 기뻐하지 않고 사랑하지 않는다면 크게 잘못된 것이지. 그것은 거꾸로 부모가 돈 많은 부자가 아니라고 해서 아이가 자기 부모 존재를 기뻐하지 않고 사랑하지 않는 것과 똑같지 않겠니? 만일 아빠가 다른 아빠들처럼 돈을 많이 벌지 못한다고 해서 네가 아빠를 사랑하지 않는다면 아빤 매우 슬플 거야. 곧바로 삶의 의미를 잃겠지.

(중략)

어린 자식을 버리는 부모들이나, 늙은 부모를 내다버리는 자식들의 이야기가 심심치 않게 나오고 있어. 물론 나름대로 사정이야 있겠지만 어쨌든 이러한 일들은 상대의 '있음' 그 자체를 사랑해야만 하는 가정에서는 일어날 수 없는 일들이야.

사회가 사람의 본질 곧 그의 '어떠어떠함'의 의미가 드러나는 장소라면, 가정이란 그 사람의 존재 곧 그의 '있음' 그 자체의 의미가 드러나는 장소다. 때문에 ⊙가정에서는 가족의 '어떠어떠함'이 변했다고 해서 그 사람을 사랑하길 포기해서는 안 되는 거야. ⓒ상대의 '있음' 그 자체에 대한 사랑은 그런 사랑을 받는 사람에게 자기 자신의 존재에 대한 한없는 기쁨과 자부심을 선사한다. 그리고 다시 되돌려, 이러한 기쁨과 자부심을 준 그 사람의 '있음' 그 자체 역시 사랑하게 만들지.

(중략)

딸: 그럼 친구나 이성 간 사랑도 진정으로 사랑한다는 것은 그 사람의 '있음' 그 자체를 기뻐하는 사랑이어야 한다는 건가요?

(나)

카프카의 소설 『변신』은 주인공이 곤충으로 변한다는 끔찍한 이야기이다. 성실하게 회사를 다니던 주인공 그레고르가 어느 날 아침 벌레로 변했다. 그를 발견한 가족들은 슬퍼하지만 동시에 그레고르가 집안의 모든 생계를 책임지고 있었으므로 '돈' 문제를 걱정한다. 가족들은 그를 귀찮은 존재로 취급하며 없애버리겠다는 마음까지 먹는다. 그레고르는 홀로 죽어가고 가족들은 그의 주검 앞에서 신께 감사를 드린 뒤 소풍을 간다.

1. (가)의 ㉠과 (나)를 참고해서 물음에 답해봅시다. (나)에 나온 '그레고르'의 '어떠어떠함'이 변해서 가족들이 외면했나요?

☞ _____

(나)의 '그레고르'는 벌레로 변한 뒤 홀로 죽어갈 때 어떤 생각이나 느낌을 가졌을지 각자 생각해봅시다.

☞ _____

2. (가)에서는 사랑을 2가지로 분류하고 있습니다. 어떻게 분류하고 있는지 찾아봅시다.
① (나의 생각) - 사랑의 모습 2가지

② (모둠 생각) – 사랑의 모습 2가지

3. 인터넷 검색을 통해 ⓒ의 구체적인 사례가 나온 신문기사 등을 한가지(가족/연인/친구 등)를 찾아본 뒤 이 중 가장 감동적인 사례를 모둠에서 한 개 골라봅시다.

예)

사례 (가족)	인간극장 '돌아와요 슈퍼맨' – 아픈 아버지를 4년간 간호한 현대판 심청이 효녀딸 정아 씨 편 -4년 전에 치과 치료를 받으러 갔던 병원에서 갑자기 의식불명 상태에 빠진 아버지는 두 달 반 만에 깨어났을 땐 말도 몸도 마음대로 하지 못하게 됨. 여전히 말씀도 거동도 못하시지만 그래도 괜찮다. 씻겨드리고 먹여드리고 두 발이 돼서 아버지를 모시고 다니면 된다고 말하는 그런 정아 씨를 두고 주변에선 '심청이가 따로 없다' 칭찬이 자자함.
출처	http://sonlaboratory.tistory.com/198
검색어 (어떤 검색어를 넣었는가)	아버지 간호

① 나의 검색

사례 ( )	
출처	
검색어 (어떤 검색어를 넣었는가)	

② 모둠에서 뽑은 사례

사례 ( )	
출처	
검색어 (어떤 검색어를 넣었는가)	
누가 찾은 것인가요?	

하루에 두 가지의 '사랑'을 실천하고 그 느낌을 기록함

(사랑 실천의 예시: 복도 쓰레기 줍기, 칠판 닦기, 식탁 정리하기, 설거지하기, 선생님 심부름하기, 몸이 불편한 친구 돕기, 버스 자리 양보하기, 쓰레기 분리배출, 집안일 돕기 등 타인에게 도움이 되는 행위)

※ 활동사진 5장 첨부하거나 교사 메일로 발송할 것

일시	실천 행위 목록	대상 (도움받은 사람)	실천 이유

☞ 느낀 점:

☞ 앞으로의 다짐:

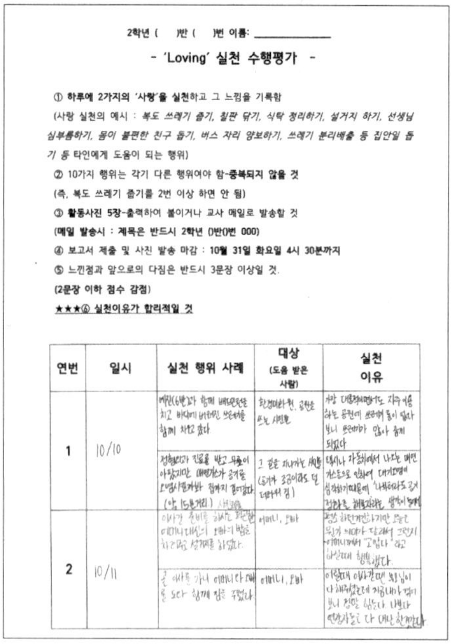

2학년 ( )반 ( )번 이름: _____

- 'Loving' 실천 수행평가 -

① 하루에 2가지의 '사랑'을 실천하고 그 느낌을 기록함
(사랑 실천의 예시 : 복도 쓰레기 줍기, 칠판 닦기, 식탁 정리하기, 설거지 하기, 선생님 심부름하기, 몸이 불편한 친구 돕기, 버스 자리 양보하기, 쓰레기 분리배출 등 집안일 돕기 등 타인에게 도움이 되는 행위)
② 10가지 행위는 각기 다른 행위여야 함-중복되지 않을 것
(즉, 복도 쓰레기 줍기를 2번 이상 하면 안 됨)
③ 활동사진 5장-출력하여 붙이거나 교사 메일로 발송할 것
(메일 발송시 : 제목은 반드시 2학년 0반0번 000)
④ 보고서 제출 및 사진 발송 마감: 10월 31일 화요일 4시 30분까지
⑤ 느낀점과 앞으로의 다짐은 반드시 3문장 이상일 것.
(2문장 이하 점수 감점)
★★★�` 실천이유가 합리적일 것

연번	일시	실천 행위 사례	대상 (도움 받은 사람)	실천 이유
1	10/10			
2	10/11			
3	10/12			
4	10/13			
5	10/14			

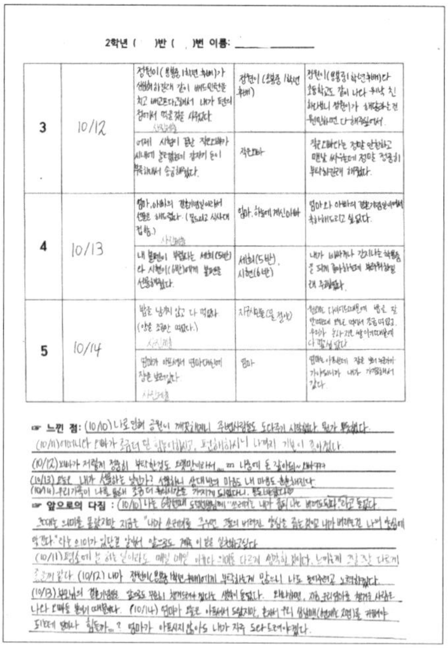

☞ 느낀 점:

☞ 앞으로의 다짐:

'주는 사랑' 실천 수행평가 학생 결과물

앞의 사진은 학생이 제출한 수행평가물이다. 위 학생이 실천한 주는 사랑은 다음과 같다.

> 공원에서 배드민턴 친 후 공원 쓰레기 줍기, 도보 15분 거리 승용차 타는 것 대신 걷기, 엄마 대신 밥 차리기, 심심해하는 후배와 놀아주고 먹을 거 사주기, 부모님 결혼기념일 챙겨 드리기, 급식 때 정량만 먹고 잔반 남기지 않기 등

내가 이 과제를 제시했을 때 누군가를 직접 돕는 행위나 쓰레기 줍기 정도만을 생각했다. 그런데 학생들이 낸 것을 보니 잔반 남기지 않기, 누군가에게 선물하기 등 깜찍하고 예쁜(?) 실천 행위들이 나왔다. 열 가지를 다 지어서 쓴 학생이 있을지도 모르겠으나 과제를 제출할 때까지 이런저런 봉사를 한 뒤 '선생님, 이거 수행평가에 적어도 되죠?'라고 묻는 학생도 있었다. 이 과제를 통해 열 번의 사랑을 실천한 뒤 일상 속에서도 이런 일을 꾸준히 계속하는 자세를 갖는다면 제일 좋다. 그러나 열 번 중 두세 번이라도 실천을 한다면 이것도 나름 성공이라고 생각한다.

3. 사귀면 키스는 기본?: 10대의 성과 사랑 이야기

도덕교과서에서 10대 이성교제에 대해 언급한 부분이 있다. 적절한 옷차림으로 예의를 지키며 이성교제를 하자는 '도덕교과서'다운(?) 내용이 적혀 있다. 그나마 '사랑'에 대해 언급하는 얼마 안 되는 부분 중의 하나이다. 현실은 현실을 넘어 초 현실인데 교과서는 아직 현실을 따라잡지 못하고 있다. 모든 아이들이 이성교제를 하는 건 아니지만 '연애'라는 건 확실히 10대들에게 일상이 되어가고 있다. 누구랑 누가 사귀고, 썸을 타고, 고백을 받고, 이런 일들은 십대들의 생활에서 무시로 일어나고 있다.

게다가 '미투' 운동이 확산하면서 성과 관련한 도덕적인 갈등은 연일 뉴스에 오르내리고 있다. 양성평등 의식에 대한 높은 기대치도 무시할 수 없다. 학생들과 현실의 '성'에 대해 이야기 나눠야만 한다. 그런데 10대들의 연애 이야기를 포함한 청소년 성 문제를 수업시간에 다루려면 수위 조절이 필요하다. 한때 성교육 시간이 따로 없었던 시절에는 도덕교과에서 성교육의 일부를 담당할 책임이 있었다. 그러나 지금은 (대부분) 성교육 시간이 따로 있다.

도덕시간에 어디까지 다루어야 할까? 최근에 선생님들과 학생들 성문제에 대해 이야기하였다. 어떤 여자 선생님께서는 수업 진도와는 별도로 시간이 날 때마다 피임에 대해 강력히 설명하신다는 말씀을 하셨다. 사실 청소년 성문제는 모든 교사들이 고민해야 한다. 나 역시 10년 전만 해도 성교육에 일부 책임을 느끼고 실질적인 지식을 강의하기도 했지만, 요즘 학생들이 지식이 없어 피임을 못하는 건 아니라는 생각이 들어 그만두었다. 대신 도덕시간에는 10대들의 연애, 데이트폭력, 포르노 문제 등을 언급하고 성에 대한 가치관 확립에 대해 이야기하면서 '주체성'의 문제를 다루고자 노력하였다.

　이런 수업을 할 땐 네이버 지식인 질문을 한 두 개 정도 뽑아서 학생들과 이야기 나눈다. 모 포털 사이트에 등재된 고민을 갖고 와서 학생들과 이야기 나누면 좋다. 아래는 한 중학교 여학생의 고민을 담은 글이다.

> 중 2 여잡니다. 남친이랑 50일 정도 갔는데. 입술뽀뽀까지 나갔구요. 너무 빠르다 생각했는데. 오늘 뽀뽀했는데. (중략) 막상 현실이 되니까 어떻게 해야 될지 모르겠어요.
>
> — 네이버 지식인 2017. 10. 13에 올린 질문

"이 여학생이 고민하는 건 뭘까?"

"니들은 이 질문에 뭐라고 대답해줄래?"

　등의 질문을 던져본다. 이 문제의 본질은 뽀뽀를 하고 안 하고, 키스를 하고 안 하고의 문제가 아니다. 질문을 올린 본인이 하고 싶은가 하고 싶지 않은가의 여부이다. 이보다 더한 문제에 있어서도 마찬가지이다. 자기 주장을 분명하게 내세우지 못하는 이유는 단 하나다. 상대방이 싫어서 관계가 서먹해질까 두려운 것이다. 그럼에도 불구하고 자기 뜻과는 반대로 행동할 것인가? 막상 현실이 되니까 '어떻게 해야 될지 모르겠다'라는 말 속에 질문자의 진심이 들어 있다(심지어 '해야 할지' 능동형이 아니라 '해야 될지'로 적었다).

　주체적인 삶을 산다는 건 매우 중요한 문제이다. 도덕교과의 목표는 궁극적으로 학생들이 '자율성'을 기르는 것이다. 인간은 자율성에 바탕을 두고 행동하되 그 책임을 자신이 진다는 전제를 염두에 두며 살아가야 한다. 결국 이 질문자는 뽀뽀를 하든 안 하든 자신의 의지대로 행동하되 그 결과에 책임을 져야 한다. 책임을 지는 과정은 상당히 괴로울 것이다.

어떤 선생님이 '학생들이 노예의 도덕이 아니라 주인의 도덕을 알게 해야 한다'는 말씀을 하셨다. 이 말씀을 듣고 난 뒤 학생을 믿지 못하고 이거 해야 한다, 저거 해야 한다, 명령만 하고 규칙을 반복적으로 알려주기만 한 건 아닌지 반성하였다. 결국 청소년 성문제를 다루는 수업의 귀결점은 '주체성'이어야 한다는 결론을 내렸다. 자기 스스로가 '이것이 내가 원하는 행동인가 책임질 수 있는 행동인가 그리고 사회 통념에 어긋나는 행동은 아닌가?' 사고체계를 구성하고 점검해보는 습관이 필요하다. 우리는 학교 수업을 통해 학생들이 주체적으로 사고해보는 습관을 가질 수 있게 이끌어줄 수 있다.

다음에 제시한 학습지에서 영화 〈제니, 주노〉 내용이 나온다. 2005년 개봉한 영화이지만 십여 년이 훨씬 지난 지금도 파격적이고 논란이 될 만한 내용이다. 영화를 소개하면 학생들은 늘 관심과 흥미를 갖고 수업에 임한다.

〈제니, 주노〉와 같이 10대가 임신해서 아기를 출산하는 이야기를 해주면 어떤 아이들은 '미쳤어, 인생 망쳐요'라고 말하기도 한다. 사실 예전엔 '10대가 임신 출산 결혼하면 힘들게 산다'는 전제를 은연중에 깔고 10대 결혼 부부의 힘든 사연을 소개하기도 했다. 그러나 지금은 이런 사연만을 일방적으로 이야기하지 않는다. 나는 학생들이 (그 어떤 선택을 하든) 주체적으로 행동하기를 바란다. 주체성은 결과에 대한 책임을 수반한다. 10대의 연애가 혹시나 모를 임신과 출산으로 이어질 수 있기 때문에 우리 어른들은 사춘기 아이들의 연애를 보며 꽤 노심초사한다.

10대뿐만이 아니라 대부분 이성간 젊은이들의 연애는 임신과 출산의 가능성을 갖고 있다. 그래서 속도위반이니 혼전임신이니 하는 단어들이 있는 것이다.

나는 학생들에게 이런 말을 해준다.

"연애는 분명 축복받을 아름다운 사건이지만 모든 인간관계가 그렇듯 미래에 일어날지 모르는 일에 대한 책임의식을 가질 수밖에 없습니다. 그래서 연애는 어렵죠.

상대방의 과거까지 껴안으며 현재를 즐기고 미래를 구상해야 하는 아주 복잡하고 어렵고 숭고한 일입니다. 어떤 선택을 하든 그 책임을 다하는 게 중요하겠죠. 그런 의미에서 우리는 10대에 아기를 출산한 부부에게 그 책임을 다 해줄 수 있게 응원하고 격려해줄 필요가 있지 않을까요?"

이렇게 말하면 몇몇 아이들은

"그래, 낙태하는 것보다 낫잖아."

라고 말하기도 한다.

2014년 수업에서는 영화 〈제니, 주노〉 내용을 말하며 임신한 청소년이 학교를 다닐 권리에 대해 학생들과 이야기를 잠시 나눴다. 사람들은 중·고등학생이 임신을 한 것만으로 이미 학교를 다닐 수 없는 일이라고 단정짓지만 한 발 물러서 생각해보면 학생의 주체적 결단 '낳아서 기르겠다'를 존중해줄 필요가 있다. 죄를 지은 것도 아닌데 학교를 그만두고 힘들게 살아갈 필요는 없는 것이다. 인권위에서는 10대 미혼모를 위한 법령 정비를 촉구한지 몇 년이 지났고 한 국회의원이 관련 법령 발의를 했다고 한다(그러나 발의 이후에 법안이 통과되었다는 뉴스는 찾을 수 없다). 대안학교인 '나래중고등학교'라는 곳에서는 임신한 학생이 학교를 다닐 수 있게 하고 있다. 그러나 공교육에서는 먼 나라 이야기 같다.

"우리 학교에 임신한 여학생이 있다면 어떨까? 여러분과 같이 급식 먹고 수업에 참여하고."

이렇게 질문을 던지자 당시 3학년 2학기, 고등학교 진학을 목전에 둔 아이들조차(그래도 3학년이면 사회 문제에 대한 관심도와 보는 시각이 1학년에 비해서는 높고 넓은 편이다) 뜨악한 표정을 지었다.

"아니, 나는 임신을 권장하는 건 절대 아냐. 그런데 이왕 임신한 학생이라면 굳이 학교를 다니지 못하게 해야 할까?"

솔직히 말하자면 나도 임신한 학생이 학교 다니는 걸 본 적이 없으니 상상을 해보며 질문을 던졌다. 아이들의 반응은 대부분 이랬다.

"학교 안 좋게 소문나요."

"전 군이 반대는 안 하는데 친하게 지내진 않을 거예요."

소수의 아이들만이 안전하게 출산할 수 있게 돕겠다고 했다. 놀라운 것은 여학생보다는 남학생들이(상상이지만) 임신한 여학생의 등교를 꺼려한다는 것이다. 이유도 막연하다. 그냥, 이상하다, 안 다니면 좋겠다, 학교 다니는 게 더 위험한 것 같다, 적극적으로 도울 생각은 없다 등. 이런 남학생들의 답변을 듣자 여학생들은 '남자들 어이없다'고 했다. 결국 누군가 이렇게 말했다.

"걔가 학교 못 다닐 걸요."

맞다. 아직 우리 사회 인식이 이렇다. 나 스스로에게도 물어본다. 임신한 학생이 학교를 다니는 걸 목도한다면 진심으로 어디까지 받아들일 수 있을지. 이게 누군가 받아들이고 받아들이지 않는 문제인가 싶기도 하다. 청소년 임신을 막연히 '단죄'의 측면에서 바라보는 시각도 정비되어야 할 것이다.

(가) 중 2 여잡니다. 남친이랑 50일 정도 갔는데. 입술뽀뽀까지 나갔구요. 너무 빠르다 생각했는데. 오늘 뽀뽀했는데, (중략) 막상 현실이 되니까 어떻게 해야 될지 모르겠어요.

— 네○○ 지식인 2017. 10. 13 질문

(나) 15세 몰래 커플의 아기수호 감동 프로젝트 | 깜짝 놀랄 준비 됐나요? | 탄생! 최연소 엄마, 아빠 – 역사상 요렇게 당돌한 스캔들은 없었다 | 우리에겐 사랑! 어른들에겐 날벼락! …… 우리 편이 되어 주세요! 공부짱, 인기짱, 깜찍당돌 소녀 제니와 겜짱, 바람둥이 주노는 15세 동갑내기로 학교 친구들 모두가 인정하는 닭살 커플이다. 주변의 시선은 아랑곳없이 달콤한 첫사랑으로 행복한 두 사람. 어느 날, "안녕!"하고 보통 때처럼 명랑하게 인사를 건네는 제니. 그리고 그 인사 뒤에 따라오는 충격적인 말. "나…… 요기서 아가가 자라는 거 같아!" 고민에 빠지는 주노. 쉬는 시간, 창가의 아이들이 시끄럽다. 내다보니 운동장에 주노가 줄 긋는 라인기로 커다랗게 글씨를 쓰며 뛰어다닌다. '제니야! 사랑해! 영원히 지켜줄게!' 미소 짓는 제니. 그리고 그녀를 바라보며 주먹을 불끈 쥐어 보이는 주노. 둘만의 특별한 비밀이 시작됐다.

아기를 지킬 수 있는 방법은 단 하나! 어른들이 모르게 하는 것! 이제 체계적으로! '2세 지키기' 작전에 돌입한다. 신문배달을 시작하며 아기의 우유 값을 모으고, 제니의 야밤 호출에 순대와 피자를 공수하는 등 수호천사 노릇을 톡톡히 하는 주노. 전자파를 조심하고 좋은 것만 생각하려 노력하며 학업과 태교를 병행하는 제니. 둘은 사랑과 믿음으로 천진난만하게(!) 엄마, 아빠의 책임을 다하지만 아직 5개월도 되기 전에 제니의 언니에게 복대한 배를 딱! 걸리고 마는데……

— 영화 <제니, 주노> 줄거리(네이버 영화)

1. 윗글을 읽고 질문에 답해봅시다.

① (가)의 여학생이 고민하는 것은 무엇인가요?

☞

② (나)의 제니와 주노는 어떤 상황에 처했나요?

☞

2. 다음 글을 읽고 물음에 답해봅시다.

도덕적 고민은 자율적 존재인 인간만이 할 수 있는 것이다. 우리는 살아가면서 수많은 도덕적 문제 상황에 부딪히게 된다. 그리고 자율적인 행동에 대해서는 도덕적 책임이 뒤따른다는 것을 깨닫고 신중하게 생각하여 행동할 수 있도록 노력해야 한다.

— 미래앤 중학② 도덕교과서(2016년 4쇄 판)

-자율성이란 무엇인지 윗글을 토대로 의미를 써봅시다.

☞

3. 1번 (가)의 질문자와 (나) 제니와 주노가 자율성을 갖고 행동한다면 어떤 선택을 할지, 그리고 선택의 결과에 따라 어떻게 해야 하는지 모둠 원과 이야기 나눠봅시다.

 - (가)의 질문자는 _____ 행동해야 한다.

   그리고 그 결과 _____벌어진다면

   _____ 행동해야 한다.

 - (나)의 제니와 주노는 _____행동해야 한다.

   그리고 그 결과 _____벌어진다면

   _____ 행동해야 한다.

4. 유럽의 팍스법과 가족의 다양성

'가족'이라는 단어를 들으면 '엄마, 아빠, 자녀'로 구성된 이미지를 떠올리기 마련이다. 여기에서 하나라도 빠지면 정상적인 가족이 아니라는 편견을 갖고 있다. 이런 편견을 깨는 작업이 교육현장에서, 교실 수업에서 필요하다. 이런 편견은 사회에 소외감을 퍼뜨린다. 특히 이혼과 사별로 인한 한부모가정의 아이, 다문화가정의 아이, 조손가정 아이, 혹은 시설에서 살고 있는 아이 등이 늘고 있는 추세 속이다. 제목을 '인간관계의 다양한 변화 이해하기'라고 한 것은 앞서 설명한 '팍스법'이 다양한 가족 관계를 지원하는 방향성을 갖고 있기 때문이다.

앞서 혼전 동거에 대한 학생들의 의견을 묻는 질문을 함에 있어 잠시 프랑스의 '팍스법'을 언급하였다. '팍스법'을 자세하게 설명해주면 학생들 대부분은 '좋은 법이다!'라고 반응한다.

프랑스어로 시민연대계약을 의미하는 PACS(Pacte civil de solidarite)는 이성, 혹은 동성 커플이 계약을 통해 배우자 관계를 법적으로 인정받을 수 있는 대안적인 결혼 제도다. 프랑스에서 팍스 커플은 결혼한 부부와 동등한 수준의 사회보장제도와 복지 혜택을 누릴 수 있다. 오늘날 프랑스 사회에서 동거나 팍스 커플은 결혼으로 가는 예비 단계가 아니라 새로운 가족의 형태다. 프랑스 통계청은 단순 동거 커플과 팍스 커플, 결혼한 부부를 분리해서 조사한다.

― ≪문화일보≫ 2018. 7. 20 기사 중

유럽은 대체적으로 결혼 전에 동거하는 편이고 그것에 대해 이상하게 생각하지 않는다. 오랜 동거 후에 결혼할 수도 있고 계속 동거 상태를 유지한 채 살아갈 수도 있다. 혹은 헤어질 수도 있다. 이 수업이 동거를 권장하거나 동거가 좋다는 식으로 흘러가서는 안 된다. 모든 것이 완벽하진 않으므로 동거가 갖는 단점도 있기 때문이다.

수업 흐름

① '팍스법'에 대한 소개, 유럽의 동거 문화에 대한 소개, 우리나라의 동거에 대한 인식을 소개한다.

② 다음의 사례들을 가족으로 인정할 수 있는지 없는지 모둠별 토의를 하게 한다.

　가) 자녀 없이 부부만 사는 형태

　나) 조손가정

　다) 이혼이나 사별로 인한 한부모가정

　라) 1인가정(독신가구)

　마) 아이를 낳지 못한 한국인 부부가 아프리카 아이를 입양한 형태

　바) 독신으로 살면서 고아원에서 자녀를 입양한 형태

　사) 혈연관계 아닌 사람들이 의식주를 함께 하며 서로의 경조사를 챙기는 형태

　아) 가출청소년이 모여 선생님의 보호 아래 의식주를 함께 하며 서로의 경조사를 챙기는 형태

　자) 독신가구인데 반려견(혹은 반려묘)과 사는 형태

　차) 주거만 공유하고 서로의 경조사를 전혀 챙기지 않는 형태

③ 토의가 끝난 조의 학습지를 걷어 칠판에 기록한다.

	1조	2조	3조	4조	5조
가	○	○			
나	○	○			
다	○	○			
라	○	○			
마	○	○			
바	X	X			
사	X	○			
아	X	X			
자	X	○			
차	X	X			

④ 기록이 끝난 후 순서대로 조장이 일어나서 왜 모둠의견이 칠판과 같이 나왔는지 말하게
한다. 학생들과 자유롭게 의견을 공유한다.

⑤ 모든 학급 수업이 끝나면 통계를 내본다.

동거를 하나의 결혼 형태로 인정한다면 가족이 반드시 혈연관계로 이뤄진 부부
와 그 자녀로만 구성될 필요가 없다는 점에 주목해야 한다. 동거를 포함한 위의 모
든 형태를 가족이라고 인정할 수 있는가? 실제로 '사)혈연관계 아닌 사람들이 의식
주를 함께 하며 서로의 경조사를 챙기는 형태'와 같은 대안가정은 젊은 세대를 중심
으로 나타나고 있다. 그리고 위의 사례들보다 더 극단적인 가정 형태 - 폴리아모리
(polyamory: 독점하지 않은 다자간 사랑 비독점 다자 연애 및 부부), 동성부부가 양자를
입양하여 키우는 가정 - 가 유럽과 미국 캐나다 등지에서는 나타나고 있다('폴리아모
리'나 '동성부부 자녀 입양 가정'은 아직 우리 사회에서 받아들이기 어려운 급진적 형태라 수업

시간에는 언급하지 않고 있다).

그러나 혈연관계만 없어도 전통적인 가정에서 이뤄지는 '따뜻한 정서적 울타리'의 역할을 해내고 있다면 개인적으로는 충분히 가족이라고 불러도 좋다고 생각한다. 이건 어디까지나 개인 견해이다. 학생들의 의견을 충분히 들으며 가족을 바라보는 시각이 다양하게 존재할 수 있음을 인식하게 하는 것만으로도 이 수업의 가치는 충분히 있다.

5. 사랑에 에티켓이 있나요?: 잘 헤어지는 법

생애 처음 사귄 연인과 결혼까지 하고 헤어지지 않고 백년해로 하여 살다 죽었다? 동화 같은 이야기다. 현실에서 드문 일이기도 하다. 짝사랑은 '사귐'의 영역에 포함시키지 않는다 치더라도 단 한 사람만 사귀고 결혼이든 뭐든 그 사람하고만 연인관계를 유지하며 산다는 건 불가능한 일에 가깝다. 결혼을 연애와 사랑의 완성이라고 단언할 수 없지만 결혼 전 연애 횟수를 2~5회로 집계한 설문조사가 있다.

> 결혼 전까지 연애는 몇 번 정도 하게 될까.
>
> 결혼정보회사 가연이 6일부터 11일까지 6일간 기혼자 300명을 대상으로 설문조사한 결과, 응답자의 절반 정도(46%)는 결혼 전 2~5회 연애를 했다고 답했다. 그 외에는 6~10회(34%), 11회 이상(16%) 순이었다. 한 번도 연애를 하지 않은 사람은 한 명뿐이었다.
>
> ― ≪조선닷컴≫ 2012.7. 13 기사 중

청소년들의 연애가 흔한 일이 된 요즘 인간관계에서 잘 헤어지는 법에 대해 한 번쯤은 탐구해보는 것도 좋겠다. 물론 인간관계의 일이라는 게 살아보면서 체득해가는 것이고 수업 시간에 잠깐 탐구해봤다고 해서 헤어질 때 그대로 행하라는 법은 없지만 말이다.

★ 탐구활동지

다음 글을 읽고 물음에 답해봅시다.

고등학생입니다. 한 달 정도 거의 사귀는 것 같이 손도 잡고 썸을 탔어요. 같은 반이라서 쉬는 시간마다 놀고 여행지에 놀러가기도 하고 있는 티는 다 냈습니다. 한 달 정도 썸을 타고 사귄지 며칠 안 됐을 때 남자친구가 싸우고 짜증/화내는 모습 보고 정이 뚝 떨어졌어요. 정 떨어진 이후로 별로 좋아하는 것 같지도 않아요. 썸 탈 때도 손잡을 때 설레는 것도 하나도 없고 그랬는데 사귄 게 좀 후회됩니다.

처음부터 여지를 주지 말 걸 그랬어요. 학교에서 같이 노는 것도 싫고 안 놀아준다고 삐진다는 것도 싫고 손잡고 스킨십하는 것도 정말 싫어서 자꾸 빼게 됩니다. 얘는 절 좋아한다고 하는데 '정말 좋아해', '사랑해'라는 말이 입 밖으로 안 나와요.

결론은 헤어지고 싶습니다. 같은 반이고 남친이 모솔이어서 헤어지면 저도 얘도 놀림이나 조롱을 많이 받을 것 같아요.. 어떻게 해야 잘 헤어지고 잘 지낼 수 있을까요?

— 2018. 5. 28 네이버 지식인 고민 중

1. 여학생만 답변하시오.

- 본인이 위에 질문한 여학생이라고 생각해봅시다. 본인이라면 어떻게 헤어지자고 전할지 적어봅시다.

　① 이별 통보 방식 ☞ _____

　　(예시: 직접 만나 말하기, 메신저나 메시지 보내기, 전화 통화, 손편지 등)

　② 어떤 말을 할 것인가?

　☞

2. 남학생만 답변하시오.

- 본인이 위 질문에 나온 남학생이라고 생각해봅시다. 본인이라면 어떻게 이별통보를 받고 어떤 식의 말을 듣고 싶은지 적어봅시다.

　　① 받고 싶은(?) 이별 통보 방식 ☞ _____

　　　(예시: 직접 만나 말하기, 메신저나 메시지 보내기, 전화 통화, 손편지 등)

　　② 어떤 말을 듣고 싶은가?

　☞

3. 모두의 통계

- 가장 최악의 이별 통보 방식은?

① 직접 만나는 것

② 메신저나 메시지

③ 전화 통화

④ 손편지

⑤ e-mail

⑥ 제3자를 통한 통보

⑦ 기타

참고자료

① 지식채널 <사랑을 했다, 우리가 만나>(2018. 5. 7).

에리히 프롬의 『사랑의 기술』을 설명하고 나서 마지막에 보여주면 좋은 영상물이다. 할아버지가 손녀가 좋아할 만한 그림을 그려 개인 계정에 올린다는 내용이다. 물론 손녀에게 해주고 싶은 이야기들, 사랑의 감정들을 녹여낸 그림들이다. 할아버지의 손녀에 대한 따뜻한 사랑이 느껴져 영상이 끝날 때엔 눈물이 흐를 정도로 감동적이다. 학생들이 '주는 사랑'의 의미를 확실히 이해할 수 있다.

② 우리는 왜 사랑에 목숨 거는가? [강신주 철학 이야기]

10여 분 정도의 강연 영상물이다. 학생들이 포인트를 잘 짚어내지 못할 수 있으므로 시청 활동지를 만들어 배부한 뒤 괄호 넣기를 하면서 보게 하면 좋겠다(요즘 학생들의 집중력이 아주 재밌는 동영상을 보는 게 아니라면 10분 이상을 가지 못한다). 조금 어렵지만 사랑에 대한 철학적 고찰이다. 학생들이 철학 강의를 10분이나 듣는 것은 조금은 힘들지만 유의미하다. 10분의 강연이지만 진정한 사랑이 무엇인지 주는 울림이 꽤 묵직하다.

영상을 보기 전 학생들에게 다음과 같은 질문을 던져보자.

-존재감이 없다는 말은 어떤 의미로 쓰이나요?

-나의 존재감은 누구로부터 확인받나요?

-누군가를 사랑하거나 누군가에게서 사랑받을 때 여러분의 기분은 어떤가요? 그

이유는 무엇인가요?

- '참을 수 없는 존재의 가벼움'이란 책 제목에서 가볍다는 의미는 긍정적인 의미일
  까요? 부정적인 의미일까요?

- 한 사람이 자신의 존재를 무겁게 느낀다'는 말의 의미는 무엇일까요? 이것이 좋
  은 뜻으로 쓰였다면 어떤 의미일까요?

위와 같은 질문을 하고 여러 가지 답변을 들은 뒤 자연스럽게 영상을 보여주면
학생들의 영상 이해도가 높아질 것이다.

③ 영화 <제니, 주노>

포털사이트에 올라온 영화의 예고편과 뮤직비디오를 보여주면 더 좋다. 여력이 된다
면 20~30분 정도로 편집해서 보여줘도 좋겠다. 이 영화는 2005년 개봉한 영화임에
도 불구하고 지금 보아도 다소 충격적인(?) 소재를 다루고 있다. 바로 10대의 임신
에 관한 것이다. 영화 개봉 당시 10대 임신을 미화한다는 비판도 받았다. 10대의 임
신은 미화할 일은 절대 아니다. 우리가 늘 고민하는 지점은 일이 벌어진 이후의 대
처 방식이다. 사실 아직 보수적인 가치관이 잔존하는 우리 사회에서는 10대뿐만이
아니라 성인의 혼전 임신도 부정적으로 바라보는 사람들이 있다.

이 영화 리뷰에 다음과 같은 소감 댓글이 있다.

저도 같은 상황이었는데요.

2005년 여름에 아이를 낳았어요. 그때가 18살이었습니다. 입장이 그래서 그런지는 몰라
도, 감독이 무슨 말을 하려고 했는지는 전해지네요, 물론 어설픈 면도 있고, 현실과는 좀 왜

곡된 면도 있었지만 감독이 무슨 말을 하려는지는 알겠더라구요. 그때 남자친구랑 같이 봤는데 저희도 정말 저랬고, 남자친구도 그때 고민하고 있었는데 저 영화 같이 보고 결심하고 그랬습니다.

엄마한테도 말 못하고, 친구들한테도 말 못하고 있었죠. 그러던 중에 친한 친구가 제일 먼저 알게 되어서 친구들이 경멸할까봐 걱정했는데, 다들 아가 옷 골라주고 산후조리할 때 매일 보러와 주고,, 영화가 어째서 현실적이지 못하다고 하는지 저는 이해가 되지 않네요. 병원 가면, 낙태하러 온 것 같은 고등학생 여자애들이 꼭 올 때마다 한둘은 있는데 말이죠. 그리고 그런 애들이나, 부모들이 말합니다.

"낙태하면 되지, 뭐 하러 낳냐. 오히려 사회에 악영향만 끼친다"라고.

그런 사람들한테 한번 보여주고 싶은 영화예요.. 2005년 2월, 제가 18살, 그때가 임신 3~4개월이었습니다. 여름에 아이를 낳고……. 그리고 열심히 살고 있어요. 남편한텐 두 번째 여자가 돼버렸지만(딸입니다^0^), 이 영화를 보고 저희 같이 아이를 낳자고 결심한 사람이 한 명이라도 더 있다면 하나의 생명을 살려낸 이 영화의 가치는 다른 영화보다 높지 않을까요? 그렇게 생각해요.

10대의 성과 사랑에 관한 문제를 갖고 수업할 때 개인의 선택에 따른 책임, 주체성을 갖는 태도를 함양하는 것이 첫째 목표이다. 둘째 목표는 우리 사회가 임신한 청소년을 어떻게 포용하고 바라봐야 하는지에 초점을 맞추어야 한다. 민주주의 사회는 다원화된 사회이며 여러 가지 의견이 공존할 수 있으니 무엇이 한 인간의 존엄성을 살리는 길인지는 다함께 고민해볼 문제이다.

④ 유럽의 '동거' 문화 실태 신문 기사

유럽, 비혼커플 신생아 급증… 2016년 10國서 전체의 절반 넘어 아이슬란드, 프랑스, 불가리아 등 유럽 10개국에서 결혼하지 않은 남녀가 낳은 신생아 수가 전체 신생아 수의 절반을 넘어섰다. 결혼 대신 동거를 택하는 유럽 젊은이들이 부쩍 늘고 이에 따라 각국이 마련한 '동거 커플 지원 정책' 활성화가 영향을 미친 것으로 보인다.

18일 유럽연합(EU) 공식 통계기구 유로스타트에 따르면 2016년 한 해 동안 EU 회원국인 28개국에서 약 510만 명이 태어났다. 2016년 신생아 통계가 집계된 유럽 40개국을 조사한 결과 조사 대상의 4분의 1인 10개국에서 전체 신생아 수의 절반 이상이 결혼하지 않은 커플 사이에서 태어났다.

10개국 가운데 이 같은 비혼 출산 신생아 비율이 가장 높은 곳은 아이슬란드(69.6%)였다. 이어 프랑스(59.7%), 불가리아 및 슬로베니아(각각 58.6%), 노르웨이(56.2%), 에스토니아(56.1%), 스웨덴(54.9%), 덴마크(54.0%), 포르투갈(52.8%), 네덜란드(50.4%) 순이었다.

(중략)

프랑스, 스웨덴 등 유럽 선진국이 동거 커플도 가족의 범위로 끌어들여 복지 혜택을 늘린 영향이 작용한 것으로 분석된다. 프랑스는 1990년대 동거 인구가 늘자 이들이 낳은 자녀를 보호하기 위해 1999년 '팍스(PACS,·공동생활약정)' 제도를 도입했다. 이 약정을 체결한 커플은 결혼하지 않고도 동거를 유지하면 가족수당 및 사회보장급여, 소득세 산정 등에서 혼인 가구와 동일한 혜택을 누리게 됐다. 이보다 앞서 스웨덴은 1988년 '동거법'을 제정해 동거 커플이 임신, 출산, 양육을 할 때 혼인한 부부들과 같은 권리를 보장했다.

유럽 정치인 중에서도 동거 커플이 적지 않다. 프랑수아 올랑드 전 프랑스 대통령은 2007년 당시 사회당 대선 후보였던 세골렌 루아얄과 22년간 동거만 하며 4명의 자녀를 낳았다. 그는 루아얄과 결별 뒤 기자 출신인 발레리 트리르바일레와 또 동거하다 2012년 대통령에 당선됐고 엘리제궁에서도 동거생활을 이어갔다.

— 《동아닷컴》, 2018. 4.19 기사 중

⑤ 데이트폭력

데이트폭력이 최근 심각한 사회적 문제로 주목받고 있다. 올 3월, 여자친구가 이별을 요구했다는 이유로 무자비하게 폭행한 후 널브러진 여자친구를 엘리베이터에서 끌고 나가는 남성이 세상에 알려졌다. 부산 데이트폭력 사건으로 명명된 이 사건은 많은 사람들에게 충격과 공포를 안겨준 것은 물론, 분노를 자아냈다. 지난 2017년에는 외도가 의심된다며 여자친구의 얼굴을 담뱃불로 지지고 주먹으로 때린 대학생이 기사로 보도됐다. 지난 2015년 11월에는 집에서 함께 영화를 보던 중 졸았다는 이유로 빗자루 등으로 여자친구를 때린 10대 남성도 있었다. 데이트폭력에 대해서는 대처 방안을 중심으로 알아보는 것이 좋겠다.

데이트폭력 참고자료

<데이트폭력의 심각성>

데이트폭력의 심각성이 세상에 알려지면서 방지 법안이 발의되는 등 대책이 마련되고 있지만, 피해자의 사후 후유증은 사각지대에 놓여 있다. 미국 뉴욕주립대학교 버팔로캠퍼스의 노엘 빌 교수는 "피해자가 학대의 관계를 떠나면, 그 관계에서 파생되는 문제도 해결돼야 한다"라면서 "연인의 폭력으로 인한 상처가 오래갈 수 있으며, 이 상처는 새로운 관계를 맺는 데 장애물이 될 수 있다"라고 말했다. 빌 교수는 데이트폭력의 피해자를 면접 조사해 새로운 관계를 방해하는 4가지 장애물을 다음과 같이 밝혀냈다.

1. 약해짐/두려움: 데이트폭력을 당한 피해자는 흔히 감정의 벽을 만들어 새로운 관계를 꺼린다. 일부 피해자는 신체적인 관계는 맺어도 감정적인 애착은 일부러 피한다고 보고했다.

2. 관계에 대한 기대: 이 연구에 참여한 여성 피해자 중 일부는 감정적으로는 마음을 열었지만, 폭력을 걱정하는 것으로 나타났다. 이들은 건강한 관계조차 폭력으로 뒤바뀔 것이라고 생각했다.

3. 낮은 자존감과 수치심: 연구에 참여한 피해자들은 낮아진 자존감으로 인해 새로운 관계를 원만히 맺지 못하는 것으로 나타났다. 데이트폭력에 길들여지면 자존감이 낮아질 수 있다. 이후 새로운 연인 관계에서 일이 잘 풀리지 않으면 피해자는 데이트폭력 때 겪은 수치심 같은 부정적인 감정을 다시 느끼게 된다.

4. 소통 문제: 빌 교수는 새로운 연인관계에서 생기는 큰 문제 중 하나를 소통으로 꼽았다. 피해자는 새로운 연인에게 그 전에 당했던 데이트폭력을 알리고 그로 인한 현재의 후유증을 설명하는 과정에서 대개 소통의 문제를 겪는다. 새로운 연인이 과거를 잘 이해해 주지 못할 때 피해자는 단절감을 느낀다.

빌 교수는 데이트폭력의 후유증을 '배신의 트라우마 이론(betrayal trauma theory)'과 결부해 설명한다. '배신의 트라우마 이론'은 사랑받고 지지받아야 할 관계에서 배신을 당했을 때 심각한 충격이 발생한다는 이론으로, 빌 교수에 의하면 데이트폭력의 상처는 배신당했을 때의 충격과 비슷하다.

데이트폭력은 가정폭력의 하위 폭력이다. 그러나 가정폭력이 폭력으로 인식되는 데 비해 데이트폭력은 생명을 위협받는 상황 전까지는 대개 가벼운 사랑싸움 정도로 여겨지며 심각하게 받아들여지지 않고 있다. 데이트폭력의 심각성을 널리 알리고 예방책과 사후 대책을 수립해야 한다. 이 연구는 <국제폭력저널(Journal of Interpersonal Violence)>에 발표됐다.

— 휴먼리서치 포스트 <'데이트폭력' 그 이후가 더 문제다!>(2018. 8. 17)

<미국의 심리학 전문지 사이콜로지 투데이에 실린 데이트폭력 징후 6가지>
1. 비난을 잘하는 사람
2. 분노를 잘하는 사람
3. 자신이 특별대우를 받아야 한다고 생각하는 사람
4. 자신의 우월함을 자랑하며 당신을 깎아내리는 사람

5. 밥 먹듯이 거짓말을 하는 사람

6. 질투심이 있는 사람

— https://cobak.co.kr/community/1/post/51583?u=efefa3c26b

<데이트폭력 체크리스트> — 대전 서부 경찰서 제공

☐ 나를 믿을 수 없다고 부당하게 비난한다.

☐ 내가 누구와 있는지 감시하고 확인한다.

☐ 통화 내역이나 문자 등 휴대폰을 수시로 체크한다.

☐ 전화, 문자 등 바로 회신하지 않으면 화를 낸다.

☐ 자신의 폭력 성향 분출이 나 때문이라고 비난한다.

☐ 옷이나 헤어스타일 자기 취향을 강요한다.

☐ 만날 때마다 원하지 않는데도 스킨십을 요구한다.

☐ 헤어지자고 하면 '자살하겠다'고 위협한다.

데이트폭력은 모든 폭력이 다 옳지 않듯 용납될 수 없는 행위이다. 다만 연인(혹은 부부) 관계에서 미묘한 말투의 뉘앙스도 데이트폭력이 될 수 있음을 주지시킬 필요가 있다. 사실 남을 깔아뭉개는 말을 하는 사람들은 친구관계나 심지어 가족관계에서도 만연해 있다. 도덕교과서는 늘 '남을 존중하자'고 말한다. 그러나 남을 존중하지 않는 사람들은 도처에 널려 있다. 도둑질이나 살인, 물리적 폭력, 욕설 등의 명백히 비양심적인 범법 행위만 해당하는 건 아니다. 은근히 남을 무시하며 관계를 이기적인 방식으로 이끌고 마음에 상처를 주는 것 역시 당하는 사람에겐 폭력이 될 수 있다. 학생들이 교묘한 폭력에 당하지 않고 그것을 물리치거나 적어도 피하거나 도망갈 수 있도록 주지시켜야 하겠다.

⑥ 여자친구와 헤어지는 법

오죽하면 '여자친구와 헤어지는 법'이라는 글이 관심을 받고 있을까 싶지만 그만큼 이별을 통보한다는 것은 관계를 매듭짓는 작업이기 때문에 나름 방법이라고 제시하고 있는 것 같다. 이별을 통보할 때 상대방이 조금이라도 덜 상처를 받게, 존중받는 느낌을 가질 수 있게, 또 실제로 존중하는 마음을 가져야 함은 당연하다. 그것은 인간에 대한 예의이고 지금까지 나와 즐거운 시간을 함께 보낸 그 사람에 대한 예의이며, 연애를 매듭짓는 나에 대한 예의이기도 하다.

여자친구와 헤어지기

2 **이별을 통보할 때는 조용하고 외딴 곳에서 하라.** 이별을 통보하는 것이 어려울 수 있지만 꼭 해야하는 부분이다.

- 조용한 공공장소에서 통보하는데는 두 가지의 이유가 있다. 첫째, 공공장소에서는 보는 눈이 있기 때문에 싸우기 어렵다. 둘째, 공공장소에서는 이별통보하는 시간이 조금 덜 걸릴수 있다.
- 절대 문자나 이메일로 이별통보 하지말자. 전화도 안된다. 이런 방법들은 오히려 본인에게 역효과가 날 수 있다.

"우리는 왜 사랑에 목숨 거는가?" 강신주 철학 동영상

1. (   ) 이유와 의미를 가질 때 삶은 가볍지 않고 조금 무게감이 느껴진다.
삶의 무게는 조금 있는 것이 좋다. 무게감이 없이 가볍게 느껴지는 건 삶이 (   )
하다는 것이다.

2. '나는 왜 살지?', '나는 왜 직장에 가지?', '나는 지금까지 무엇을 해놨지?' – 삶의 이유
를 묻기보다 (   )를 물어보는 게 더 빠르다. 왜냐하면 죽지 않는 이
유가 살아가는 이유이기 때문이다.

3. (   )하거나 사랑받는 존재가 없을 때 우리는 살아갈 이유를 잃게 된다. 살아
갈 이유를 내가 아닌 (   )으로부터 찾아야 한다. 나의 존재감을 타인에게 (   )
받으면 삶에 의미가 생긴다. 아무도 나한테 관심 없고 좋아하지 않는다면 슬프다. 인
간 존재의 본질은 (   )하고 받는 것이다. (   )에 의해 내 삶에 무게감
이 주어질 것이다.

4. 사랑할 대상을 찾는 일은 삶에 의미를 (   ) 일과 같다. 사랑의 (   )
가 없다면 존재의 이유도 없다. 사랑한다는 것은 대상을 (   ) 하는 것이다.
스피노자는 "우리가 누군가와 함께 있을 때 (   )면 그 사람을 사랑하는
것이다"라고 말했다. 황지우 시인은 "이타심은 (   )"이라고 말했다. 사랑하
는 사람에게 잘해주는 건 그를 기쁘게 해서 (   ) 곁에 두기 위함이기 때문이다.

그래서 이 사람을 내 곁에 있게 하려면 그 사람이 무엇을 좋아하는지 반드시 알아야만 한다.

5. 가족관계에서, 혹은 친구관계에서 그 사람이 뭘 좋아하는지, 왜 그 행동을 하는지 자꾸 묻고 관심을 갖는 게 사랑의 관계이다. 왜냐하면 "사랑한다=알려고 한다=(   )을 준다"이기 때문이다. 사랑하지 않는 건 그 사람이 행복하든 불행하든 아무 (   )이 없다는 것이다. 아이와 시간을 보내지 않으면서 학원이나 보내는 것은 과연 사랑일까? 상대방이 원하는 것을 주는 것, 그에게 관심을 갖는 것이 사랑 아닐까?

6. 왜 가족 속에서 외로울까? 그것은 진정한 (   )을 주지도 받지도 못해서다. "사랑해"라는 말뿐이라면 소용없다. 내가 알려는 사람이 있고 나를 알고자 하는 사람이 있을 때 삶을 살아갈 만큼의 (   )이 주어진다.

2

도덕수업을
生生하게 만드는
다섯 가지 방법

수업을 안 들으려고 하는 학생은 밥을 잘 안 먹는 아이와 같다. 밥을 잘 안 먹으면 육체가 균형 있게 성장하지 못하듯 공부를 너무 안 하면 결국 학교생활에 흥미를 잃어서 정신이 균형 있게 성장하지 못한다. 특히 '도덕성'은 '인성'이라는 말로 바꿀 수 있는 특성이 있다. 도덕성=인성이다. 도덕성은 인간 정신의 근간이다. '도덕성'이 부족한 인간은 사회생활에 큰 지장을 받으며 결국 삶이 불행해진다.

아이는 가정에서, 학교에서, 학교 밖 공동체에서, 각종 매체와 수많은 직간접 경험을 통해 '도덕성'을 기를 수 있다. 도덕 시간은 도덕성 양성 과정 중의 하나이다. 중학교까지는 의무교육이기 때문에 대부분의 아이들은 표준화된 시수를 채우며 도덕성을 함양할 기회를 조금이라도 갖는다.

가정교육이 안 되어서 애들이 버릇없다는 말이 있다. 바꿔 생각하면 방황하는 아이를 조금이라도 바로 세워줄 수 있는 노력을 공교육이 해야 한다는 뜻도 내포된 말이다. 도덕 교사는 부족한 가정교육의 부분을 조금이라도 채운다는 사명감을 가져야 한다.

아이가 도덕수업에 흥미를 갖게 하려면 어떻게 해야 할까. 이미 대부분의 교사들은 기존의 교수-학습 방식 - 강의법, 토의 토론법, 멀티미디어 활용법, 문답법, 모둠활동, 프로젝트 학습법 등 - 을 활용하고 있다. 이런 방법을 소개하는 건 이 책을 애써 읽는 교사에게 실례가 되는 행위이다.

그래서 이 책 2부에는 기존에 알려지고 널리 활용되는 방식에 살을 붙일 수 있는 수업의 잔기술을 실었다. 수업 시간에 활용했을 때 학생들의 흥미와 학습 의욕을 조금 더 고취시킬 수 있다. 특히 대부분 교사들이 고민하는 지점인 '내성적인 아이들의 참여 확대', '효과적인 미디어 활용기술', '모둠활동 활성화', '도덕성을 증진시키는 수행평가 방식', '학습지 활용의 허와 실' 등을 실었다. 여기 소개된 방법들이 가장 좋은 방법이고는 할 수 없으며 상황에 따라선 효과가 미미할 수도 있다. 일선 현장의 많은 도덕 교사들이 여기에 소개되는 방법들을 토대로 수업에 활력을 불어넣을 수 있는 더 좋은 방법들을 계발하기를 바란다.

1장. 내성적인 아이들 참여시키기

나는 어릴 땐 매우 내성적이었다. 다섯 살 무렵에 가족들 나에게 노래를 부르고 춤을 춰보라고 했는데 겨우 해냈다. 그때 기억은 지금도 생생한데 그 어린 나이에도 노래를 부르면서 '다시는 하지 않겠다'고 다짐할 정도였다. 초등학교에 들어가니 선생님께선 국어시간에 늘 차례대로 읽기를 시키셨다. 내 차례가 될 때마다 심장이 터져 죽을 것 같았다. 고등학교 때까지도 그 모양으로 살다가 대학 들어가서 어쩔 수 없이(?) 발표 수업을 하고 교사가 되어 수업을 하다 보니 남들 앞에서 말하는 것에 조금은 익숙해졌다. 솔직히 교사 10년차까지도 수업 들어가기 전 심호흡을 여러 차례 하고 들어갔다. 마치 연기를 한다고 생각하고 수업한 적도 있었다(지금은 편하게 수업에 임하고 있다). 그러나 아직도 낯선 사람들이나 나보다 연배가 높은 사람들 있는 데선 꿀 먹은 벙어리로 있기 일쑤고 단체활동보다는 혼자 있는 것이 더 편하게 느껴진다.

수업 시간에 들어가면 어릴 때의 나처럼 지나치게 내성적인 아이들이 눈에 띈다. 그 애들에겐 발표가 고역이다. 모둠 수업 때 남의 말은 잘 듣고 있지만 정작 자기 이야긴 잘 못하고 있다. 사람마다 성향이 다 다르기 때문에 발표를 하지 않는 것에 대해 뭐라고 말할 순 없다. 다만 요즘엔 교사 주도의 강의식 수업보다는 학생 중심의 탐구 활동 수업이 대세(?)이다 보니 '말'하는 것 자체에 부담을 느끼는 아이들은 수업 시간에 조금은 힘들 수 있다. 게다가 사춘기 아이들은 남의 반응에 더 민감하게 받아들이므로 자신의 발언에 대해 다른 친구들 조금이라도 반대의 뜻을 내비치면 소심한 아이들은 그걸 스트레스로 느낀다. 그런 압박이 싫어 아예 발언을 안 하는 것이다. 사실 반대 의견에 부딪혔을 때 적절하게 반응하는 방식도 습득할 필요가 있다. 그리고 인간 사회는 '언어'라는 수단으로 소통하고 문명을 이뤄가고 있기 때문에 최소한의 자기표현은 필요하다.

그래서 어릴 때의 나처럼 내성적인 아이들이 부담을 덜 느끼면서 자기표현을 할 수 있는 방법을 모색하였다. 찬반 토론 시 간단히 OX로 표시할 수 있는 방법, 포스트잇에 자기 의견을 익명으로 쓰는 방법 등이다. 결론적으로 위의 방법들은 모든 학생들이 자신의 의견을 표시할 수밖에 없는 구조라서 학급 전원이 수업에 참여할 수밖에 없다. 위의 방법들을 실제 수업시간에 어떻게 활용했는지 소개하고자 한다. 많은 학생들이 이런 식으로 자신의 의견을 조금씩 내놓으면서 자기표현의 기회를 좀 더 가졌으면 한다.

1. OX 종이를 만들자

모둠학습은 학생들의 자발성을 이끌어내는 최선의 교수-학습방법이다. 그러나 내성적인 아이들은 모둠학습을 부담스러워한다. 전체 토의나 문답법 수업에서도 마찬가지다. 결국 '학습의욕 넘치고 호기심 많고 외향적이고 공부 잘하는' 학생만 능동적으로 참여하는 일이 종종 발생한다.

"애들이 말 안 해요."

잘하는 애는 잘하는 애대로 불만이 터진다.

학생들이 자기 생각을 활발하게 표현하는 교실, 교사라면 누구나 꿈꾸는 수업 모습이다. 발표하라고 해도 입을 다무는 아이들을 보면서 '어떻게 하면 편안하게 의견을 말하게 할 수 있을까?' 고민을 했다.

어느 날 텔레비전 퀴즈쇼를 보았는데 방청석에 앉은 수십 명의 사람들이 버튼을 눌러 의견을 표현하는 것을 보았다. 교실에 '저런 시스템이 있다면 학생들이 자신의 의견을 쉽게 표현하고 수업에 참여할 수 있을 텐데'라고 생각했다. 그래서 궁리 끝에 간단하게나마 종이 양면에 인쇄시킨 OX 종이를 만들어 수업시간에 써보았다. 간단한 '좋다-나쁘다', '옳다-옳지 않다', '해도 된다-안 된다'와 같은 찬반 의견이 나뉘는 수업에서는 활용할 수 있다고 판단했다.

OX 종이를 만드는 방법

① 한글 파일 1쪽은 특수 문자 ○, 2쪽은 X를 쓰고 포인트는 500정도로 한다(A4 한 면에 글자 하나가 가득찰 정도여야 함).

② 한 면에는 ○, 다른 면에는 X가 나오게 양면 복사를 한다(한 학급 인원에 맞출 것).

③ 찢어지지 않게 코팅을 하는 것이 좋다(코팅 과정 생략 가능).

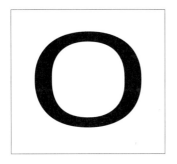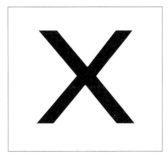

5년 전에 이 방식을 구상하고 시도했을 때엔 OX가 아니었다. 파란색 도화지와 빨간색 도화지를 양면테이프로 붙여 활용했다. 학생들에게 '긍정'은 파란색, '부정'은 빨간색이라고 말해준 뒤 수업을 진행했다. 그런데 학생들이 파란색과 빨간색의 의미를 헷갈려 했다. 학생들에게는 단순하고 직관적인 방식이 좋다. 학습목표를 효과적으로 달성하는 것이 중요하지 그럴듯한 폿말이나 형식이 중요한 것은 아니다. OX 양면종이는 학생들이 즉각적으로 그 의미를 이해하고 반응하였다.

수업 시작할 때 학급 전체 애들에게 OX종이를 나눠주면 학생들은 '이거 뭐예요?'라고 질문한다. 분위기를 풀 겸,

"자, 오늘 기분이 좋은 사람은 O, 기분이 별로인 사람은 X를 들어봅시다"라고 질문한다. 물론 O도 아니고 X도 아닌 학생들은 O와 X가 보이지 않은 중간(?) 부분을 들기도 하고, O와 X를 재빠르게 몇 번씩 바꾸기도 한다. 수업시간에는 찬성과 반대가 명확한 질문만을 하기 때문에 '이도 저도 아닌 회색지대'는 드물다. 다만 딜레마 문제는 너무 고민한 나머지 중간(?) 의견을 내놓는 경우도 있다. 갈팡질팡 하는 학생들의 의견을 듣는 일도 흥미롭다.

다음은 OX종이를 수업시간에 적용한 사례이다.

수업 사례

거짓말 사례 탐구_정당성 여부 의견 나누기

① 학급 전원에게 OX 양면 종이를 나눠준다.

② "화면에 나오는 거짓말의 사례 중 '이 거짓말은 해도 괜찮다' 혹은 '어쩔 수 없다' 싶으면 O, '이 거짓말은 괜찮지 않다' 싶으면 X를 들어 의사 표시를 해주기 바랍니다"라고 말한다.

③ 화면에 사례를 제시한 뒤 학생들이 OX 중 자신의 의견에 따라 O와 X를 들게 한다.

④ 교사는 O와 X의 개수를 각각 세고 학생들에게 전달한다.

⑤ 왜 O를 들었는지(혹은 X를 들었는지) 이유를 말하고 싶은 학생이 있다면, 이유를 말하게 한다. 말하기를 주저하면 들고 있는 OX를 근거로 해서 '너는 왜 그렇게 생각하니?'라고 말하기를 유도할 수 있다.

이것은 1부 1장 4 〈이 거짓말은 괜찮은 걸까〉 편에 소개한 토론 수업 첫 부분에 시도하였다. 이렇게 OX로 의견 제시를 하면 학습지에 개인 의견을 쓰고 발표하는 것보다 시간을 절약할 수 있다. 학생들이 또래의 의견을 들으며 자기 생각을 검토해볼 수도 있다. 이 수업 방식은 모든 학생들이 수업에 금세 몰입할 수 있게 만든다. 쉽게 누구나 의견을 표현할 수 있기 때문이다.

이 수업 이후 이 사례들을 그대로 갖고서 바로 모둠 토론을 하였다. OX로 의견을 표명한 후 서로 생각을 듣고 말한 다음이므로 모둠 토론 시간이 길 필요는 없다. 15분 정도가 적당했다.

2. 포스트잇을 붙이자

"자, 지금 나온 주제에 대해 자기 이야기 해볼 사람?"

침묵.

이런 어색한 상황을 중학교 교사라면 특히 학년이 올라갈수록 누구나 경험했을 것이다. 아직도 조용한 교실이 좋은 교실이라는 인식을 갖고 있는 교사들이 많아서인지(?) 그로 인해 "조용히 해라"라는 훈계를 많이 들어서 훈련(?)이 잘 된 탓인지 모르겠다. 확실히 중학교 1학년은 이런저런 말도 잘하고 발표도 잘한다. 그런데 2학년만 되어도 공부를 잘하든 못하든 뭘 물어도 대답을 잘 안 한다.

'어떻게 하면 애들의 생생한 의견을 들을 수 있을까?' 궁리하던 끝에 토의 토론 기법에 관련한 책에서 '브레인라이팅' 기법을 알게 되었다. 이 방식은 브레인스토밍을 응용한 방식이다. 그러고 보니 교사 연수 때 몇몇 강사가 브레인라이팅 기법을 활용했던 일이 생각났다.

브레인라이팅은 간단하다. 말하기 꺼려하는 아이들을 위해 포스트잇을 나눠주고 쓰게 하면 된다. 학생들이 쓴 것을 직접 걷은 후 칠판에 붙이며 학생들과 이야기를 나눴다. 모둠별로도 할 수 있고 전체 수업에서도 할 수 있다. 개인 의견을 공개하기 어려운 주제를 갖고 수업할 때 도입 부분에 하면 효과적이다. 소심한 애들, 내성적인 애들, 틀릴까 두려움이 있는 애들, 자기 답변에 대한 검열이 지나친 애들도 익명이기 때문에 모두 참여할 수 있다. 그 어떤 질문에서든지 전천후로 활용이 가능한 막강한 방법이다.

1부 2장에서 소개한 '돈에 관련한 딜레마 질문-불행한 부자냐, 행복한 가난이냐'

1부 3장 1. 내 외모에 만족하는가-'나의 외모에 만족하는가?' 질문 수업에서 활용했다. 다음의 사례도 살펴보자.

수업 사례

(1) 수업 첫 시간: 시간에 대한 고찰-행복한 순간, 불행한 순간?

이 수업은 매해 초 학생들과 처음 만나는 날 하는 수업이다. 새 학년 새 학기 아이들은 물론이고 교사 자신도 긴장하기 마련이다. 식상한 자기소개로 시간을 보내는 것보다는 긴장감도 풀 겸 학생들의 얘기도 들어볼 겸 포스트잇을 나눠줬다. 시간과 관련한 영상물을 도입부에 보여준 뒤 이 '브레인라이팅'을 진행하였다.

인간은 시간과 뗄 수 없는 존재임을 상기시킨다.

도덕적으로 살아야 한다, 행복하게 살아야 한다, 성공해야 한다, 공부 열심히 해야 한다, 후회 없이 살아야 한다-와 같은 말은 모두 결국 시간과 관련 있는 말들이다.

도덕은 인간이 시간을 의미 있게 쓰기 위해 만들어낸 하나의 수단이다(도덕 이외에도 예술, 놀이 등이 있다). 인간은 영원히 살 수 없기 때문에 시간이라는 개념을 만들어내서 측정하고 따져보며 자신의 인생을 가늠하는 것이다.

수업 들어가기 전 위와 같이 학생들과 나누고 싶은 이야기를 메모했다. 그런데 정작 학생들과 행복한 시간과 불행한 시간에 대해 이야기 나누다보니 그야말로 '시간'이 모자라서 해주고 싶은 말을 다하지 못했다. 굳이 말하지 않아도 학생들이 '인생의 유한함과 선택의 중요성'을 어느 정도 깨달았을 거라고 생각한다.

수업 흐름

① 학생 개인별로 파란 포스트잇과 빨간 포스트잇을 나눠준다.

② 파란 포스트잇에는 '지금까지의 삶 중에서 다시 돌아가고 싶은 행복한 순간' 한 가지를 적

　게 한다. 빨간 포스트잇에는 '지금까지의 삶 중에서 다시는 돌아가기 싫은 '이불킥'하고 싶

　거나 너무 슬펐거나 후회스럽거나 불행했던 순간' 한 가지를 적게 한다.

③ 칠판에 예시 안을 적어준다-교사 개인의 사례를 적는다. 이런 사례 하나를 드는 것도 도

　덕(인생)과 연관시킬 수 있으므로 흥미로우나 신중하게 사례를 드는 것이 좋다. 되도록 육

　하원칙에 따라 적을 것과 익명으로 쓸 것을 당부한다(없으면 없다고 적어도 된다).

④ 학생들의 기록이 끝났다고 생각하면 교사가 직접 걷는다.

⑤ 걷은 포스트잇을 무작위로 색깔 순서 없이 꺼내서 읽은 뒤 학생들과 이야기한다. 읽은 포

　스트잇은 칠판에 붙인다. 붙일 때는 색깔 구분하여 붙인다.

⑥ 포스트잇을 다 붙인 뒤 다음과 같은 시간과 관련한 질문을 해본다.

　- '행복한 순간'(파란 포스트잇 부분을 가리키며)을 길게 늘릴 수 있다면? 좋을까? 행복한

　　순간이 영원히 지속된다면 어떨까?'

　- '고치고 싶은 과거'(빨간 포스트잇 부분을 가리키며)로 돌아가서 과거를 계속 고친다면

　　어떨까'

　- '시간은 언제부터 있었을까? 시간의 끝은 있을까? 인간에게서 시간을 없앨 수 있나?'

　- '미래로 간다면 언제로 가고 싶나요?' '미래는 정해져 있을까요?'-살인범의 운명, 판사의

　　운명, 부자로 살 사람, 가난하게 살 사람 정해져 있나.

　- '드라마 도깨비-영원히 사는 것은 불행에 가까울까, 행복에 가까울까'

⑦ 도덕시간에 '왜 시간에 대해 고찰했을까?' 생각해보게 한다.

　행복한 시간에 대해 쓴 종이를 읽다가 어떤 학생이 '지금'이라고 쓴 것을 보았다. 나를 처음 만난 학생들 수업 시간이었는데 '이 학생은 왜 지금 이 순간이라고 썼을까?' 궁금했다. 아마도 매 순간이 축복이요, 행복한 순간이라고 생각하며 사는 학

생은 아닐는지. 익명이었고 쓴 사람이 굳이 자기 자신을 드러내지 않아서 그 학생의 의도는 알 수 없었다. 이 외에 행복한 시간의 예는 '방학'. '초등학교 때'. '엄마 뱃속, '태어났을 때', '일요일', '주말'. '방학식 날' 등이 나왔다. 그런데 '태어났을 때'를 가장 불행한 시간으로 적은 학생도 있었다.

"가장 행복한 시간이 태어날 때라고 적은 사람도 있는데 가장 불행한 시간을 '태어날 때'로 적은 사람도 있어요. 여러분 태어날 때가 기억나요?"

(학생들 웃음)

"왜 이 학생은 가장 불행한 시간을 태어날 때로 적었을까요?"

어떤 학생이 말했다. "아, 불쌍하다."

"어떤 사람은 삶을 긍정적으로 보고, 또 어떤 사람은 겪은 일들이 힘들다보니 부정적으로 바라볼 수도 있습니다. 네, 모든 의견은 존중합니다. 그 사람이 보는 시각이니까요. 여러분은 지금 어떤가요? 개학해서 불행한가요?"

"네."

그때 위와 같이 문답을 진행했다.

가장 불행한 순간의 예로는 역시 '지금', '중학교 입학', '월요일부터 금요일', '시험기간', '개학 전 날' 등을 적어냈다. 어른들도 마찬가지 아닐까 생각해본다. 양심을 지킨다는 건 미래를 염두에 둔 자만이 하는 행위이다. 만약 지금의 충동적인 욕구만을 생각한다면 양심을 지키지 않을 것이기 때문이다. 그래서 도덕적 행위를 한다는 건 과거의 잘못된 행동에 대한 반성을 통해 현재의 선택이 미래로 연결됨을 인식한다는 의미이다.

수업의 마무리 단계에서는 인간만이 시간의 흐름을 정확하게 인식하며 인간은 과거 현재 미래를 통합적으로 인식하는 존재라고 말해준다. 결국 도덕은 별 것이 아니라 과거를 돌아보고 미래를 계획하며 현재에 충실한 삶을 살아가는 시간의 존재임을 인식하는 것이라고 강조한다.

(2) 폭력에 관한 고찰-'기억에 남는 체벌'에 대하여

'체벌'을 주제로 수업을 한 적이 있다. 사회에 만연한 폭력을 고찰하고 학생들이 '역지사지'의 마음을 가질 수 있게 하고 싶었다. 학생들은 '교육적 목적'이라는 미명하에 부모님께 혹은 선생님께 각종 체벌을 당하고 있었다. 때론 형제자매끼리도 도를 넘어선 폭력이 이뤄졌다.

학생들은 솔직하게 자신이 당한 체벌을 기록하여 냈다. '혹시 누구인지 밝힐 수 있나요?'라고 조심스럽게 물어보기도 했는데 몇몇은 손을 들고 그때의 상황과 느낀 감정들을 직접 발표했다. 학생들은 또래가 당한 부당한 체벌 이야기를 들으며 쉽게 공감하였다.

어떤 학생이 '부모님께 프라이팬으로 맞았다'라고 썼다. 나는 너무 놀라서,

"프라이팬이요? 그 계란프라이 프라이팬? 아……."

라고 말했다. 애들은 이미 프라이팬에서 '빵' 웃음을 터뜨려버렸다. 프라이팬으로 맞았다는 학생은 본인임을 공개했는데 집안의 각종 도구들로 맞은 경험들을 이야기했다. 이 외에도 하키 채, 죽도 등도 체벌 도구로 공개됐다. 계속 아이들의 이야기를 듣다보니 일부 어른들이 아이를 교육시킨다는 허울 좋은 목적 하에 자신들의 분노를 표출하는 식으로 체벌을 정당화하고 있었다. '체벌을 당한 적이 없다'라는 답변은 학급에서 한두 명에 불과했다.

이 수업 이후 '학내에 학생 선도를 위한 체벌이 있다면 어떨까'라는 주제로 토론을 하였다. 이상한 점은 체벌을 당해서 너무 싫다는 아이들이 '말 안 듣는 애들을 선도하기 위해 때려야 한다'는 주장을 한다는 것이다. 맞으면서 어른들이 '네가 잘못했으니 맞는 거다'라고 말했기 때문에 무의식 속에 새겨졌는지도 모르겠다. 어른들이

반성해야 할 부분이다.

수업 흐름

① 학생들에게 포스트잇을 나눠준다.

② 이름을 절대 쓰지 말 것을 당부한다.

③ 지금까지 살면서 자신이 당한 '기억에 남는 체벌'을 기록해보라고 한다. 학생들이 자유롭 게 적는 것이 좋으나 육하원칙에 따라 적고 그때 기분이 어떠했는지 적어보라고 한다. 전혀 체벌을 당한 경험이 없다면 '없다'라고 적으면 된다고 말해준다.

④ 학생들의 기록이 끝났다고 생각하면 교사가 직접 걷은 뒤 하나씩 읽으며 의견과 느낌을 공유한다.

⑤ 다 붙인 뒤 통계를 낸다.

2장. 미디어 활용은 이렇게

학생들이 삶의 리얼한 모습을 다양하게 체험하는 것이 가장 좋은 교육이라고 생각한다. 하지만 학교에 등교하고 교실 안에서 수업하는 순간 생생한 체험 기회는 줄어들고 만다. 전통적인 교육 방식은 텍스트에 의존하는 것이었다. 하지만 현 세대 아이들은 텍스트 너머의 것을 갈구한다. 어릴 때부터 접해온 동영상에 익숙한 세대이기도 하다. 많은 교사들이 주입식 수업과 텍스트에 갇힌 배움의 한계를 뛰어넘고자 영상물을 수업 시간에 많이 활용한다. 또 아이들은 흥미 위주의 동영상만 주로 접하기 때문에 학교 수업에서만이라도 양질의 교육적이며 감동적이며 생생한(?) 영상을 제공하는 것은 의미가 있다.

초임시절부터 다양한 영상물을 수업 시간에 활용해왔다. 이 장에서는 영상물을 효과적으로 인식시키기 위한 세부적인 방안, 효과적인 시청 시간, 소감문과 시청 활동지의 양식, 수행평가 활용 방안들을 소개하고자 한다.

1. 〈지식채널 e〉와 대중 강연물의 효과적 활용

잘 만든 영상물이 열 선생보다 낫다고 생각한다. 교실 안을 벗어나서 더 넓은 세상을 바라볼 수 있는 기회를 제공하기 때문이다. 수업 시간이 시작되어도 아이들이 정돈하지 못하고 떠들고 있을 때 나는 아무 말도 하지 않고 무작정 짤막한 영상물 하나를 틀어주기도 한다. 그러면 아이들이 금세 조용해지고 영상물을 보며 생각에 잠긴다. 영상물은 교사 목소리보다도 영향력이 세다.

문제는 영상물 활용방식에 있다. 무작정 45분 내내(혹은 그 이상의 시간 동안) 영상물만 보여준다든가, 영상물을 보고 난 뒤 피드백이 없다면 그저 공부 안 하고 시간 때웠다는 잘못된 인식을 아이들에게 줄 수 있다. 나는 영상물을 효과적으로 활용하기 위해 다음과 같은 원칙을 세워두었다.

효과적인 영상물 활용 원칙

① 도입이나 마무리 단계에서 활용할 것

② 15분 내외일 것

③ 영상물에 어려운 단어가 있다면 영상 보기 전 단어의 뜻을 알려줄 것

④ 15분 이상의 영상물은 시청 중간이나 후에 내용 정리를 명확하게 하는 시청 활동지를 작성하게 할 것

위의 원칙을 지키며 여러 가지 영상물을 활용했다. 주로 활용하는 〈지식채널 e〉와 '대중 강연 영상물'을 중심으로 그 사례를 소개하고자 한다.

(1) <지식채널 e>의 장점 및 실제 수업 활용 사례

〈지식채널 e〉는 십여 년 전부터 자주 활용하는 콘텐츠이다. 많은 교사들이 애용하는 미디어 매체 중의 하나다. 〈지식채널 e〉를 수업에 활용하면서 느낀 장단점을 정리하면 다음과 같다.

<지식채널 e> 장점 및 단점

장점	단점
짧은 시간 강한 임팩트 - 5분 내외 - 감성적인 배경음악 내용의 질 보장 - 교육방송 제작 - 철학적이고 사회적인 이슈를 다루고 있음 감수성이 예민한 시기인 사춘기 학생들에게 감동 주기 쉬움	짧은 시간 - 심도 깊은 주제를 10분 내외로 함축하다보니 주제가 무엇인지 명확하게 전달 안 될 때 있음 저학년 학생들이 즉각적으로 이해하기 어려운 내용인 경우 있음

위의 단점들을 보완할 수 있는 교사의 역할을 제시하고자 한다.

<지식채널 e> 시청 시 교사의 역할

① 시청 전

- 어려운 말의 뜻을 설명해주기 ▶ 칠판에 기록

- 심도 깊은 주제는 내용의 흐름을 설명해주기

② 시청 후

- 주제를 학생들이 직접 말할 수 있게 하기(내용 정리하기)

- 학생들이 선뜻 말하지 못하는 경우 ▶ 교사가 중요한 내용을 바탕으로 질문하기

<지식채널 e> 수업 활용 사례

학습 주제	활용한 <지식채널 e>
외모지상주의	322화 <전족이 아름다운 이유>
돈과 관련한 문제	217화 <돈> 987화 <억만장자 아닌 억만장자> 994화 <현실적인 금액>
시간과 인생, 도덕의 관계	279화 <시간이…왜?> 201화 <인생은 아름다워>
경쟁과 협력	581화 <핀란드의 실험-제1부 탈출구>
결과 지상주의	730화 <마라톤을 완주하는 방법>

201화 <인생은 아름다워> 시청 사례

① 시청 전: 내용 설명하기

ⅰ) 교사 질문과 학생의 답변

▶ 교사 질문: 2차 세계대전 시 독일의 핍박을 받은 민족은?

▶ 학생 답변: 유태인(혹은 이스라엘 민족)

ⅱ) 칠판에 어려운 단어나 어구 기록 후 설명하기

<기록 예시> 유태인=유대인=이스라엘 민족

ⅲ) 교사 질문과 학생의 답변

▶ 교사 질문: 독일 군대는 유태인들을 어디로 끌고 갔나요?

▶ 학생 답변: 가스실(혹은 감옥 등)

ⅳ) 칠판에 중요 단어 기록 후 설명하기

<기록 예시> 아우슈비츠 수용소

ⅴ) 교사 질문과 학생의 답변

▶ 교사 질문: 수용소에 갇힌다면 기분이 어떨까요?

▶ 학생 답변: 답답해요(혹은 무서워요, 싫어요 등)

vi) 교사 영상물 내용 제시

▶지금 볼 영상은 아우슈비츠 수용소에 갇혔던 한 유태인 정신과 의사의 이야기입니다.

② 시청 후: 내용 정리하기

ⅰ) 교사 질문과 학생의 답변

▶ 교사 질문: 영상 속에서 '3월 30일이 되면 전쟁이 끝날 거라고 생각했다가 전쟁이 끝나지 않자 죽어버린 사람'은 '무엇'을 잃어버려서 죽었다고 했나요?

▶ 학생 답변: 희망

▶ 교사 질문: '빅터 프랭클'이라는 정신과 의사는 수용소에서 나와 그 곳의 경험을 바탕으로 무슨 요법을 개발했나요? 영어로는 로고 테라피라고 했습니다.

▶ 학생 답변: 의미

(학생들이 대답을 잘 못할 경우 다음과 같은 추가 질문을 한다. 혹은 대답을 할 경우 다음 질문은 '의미요법'의 뜻을 물어보는 질문이 될 수 있다).

▶ 교사 질문: 이 요법은 '인간은 최악의 조건 속에서도 '○○'을 발견할 수 있다'라는 것입니다. 마치 수용소에서 버틴 빅터 프랭클이 말한 '○○'은 무엇인가요?

▶ 학생 답변: 의미(혹은 의미요법)

ⅱ) 칠판에 영상물 내용 정리

<기록 예시> 희망. 인생의 의미.

(2) 대중 강연 영상물의 수업 활용 사례

〈TED〉처럼 재미와 교훈, 지식을 전달하는 대중 강연물이 많이 있다. 일반 텔레비전 프로그램뿐만이 아니라 '유튜브'에서도 대중 강연 영상물을 쉽게 볼 수 있다.

대중 강연 영상물 장점 및 단점

장점	단점
학생들 흥미와 몰입도 높음 - 대중 강연에 적합한 쉬운 소재 - 실제 삶과 관련한 내용들 - 일반 텔레비전 채널 프로그램인 경우 학생들이 친숙해함 내용의 질 어느 정도 보장 - 강연자: 주제 관련 전문가 혹은 학자 등. 전문가가 아니더라도 그 분야를 직접 경험하고 있는 사람	시간이 긴 경우 - 수업시간에 활용하는 모든 영상물은 15분 이상을 넘기면 학생들이 급속도로 흥미를 잃어버림 내용의 오류 등 - 강연자 본인 생각에만 편향된 내용인 경우

(3) 대중 강연 영상물 시청 시 교사의 역할

① '시청 활동지' 작성하게 하기

 - 15분 이상의 강연 영상물은 시청 활동지를 주고 쓰게 할 것

 - 주관적인 소감보다는 내용을 객관적으로 파악할 수 있게 하기

 - 시청 전에 미리 나눠주고 함께 읽어보기

 - 시청 중간에 학생들이 기록을 하면 영상물을 정지시켜 줄 것

 - 아주 빨리 지나가는 말은 칠판에 기록할 것

시청 활동지 예시는 '3. 막연한 시청소감문보다는 차라리 괄호 넣기를!' 부분에서 제시하겠다.

② 강연이 15분 이상인 경우

 ⅰ) 편집하기

 - 교사가 미리 영상을 본 후 편집 프로그램을 활용하여 편집

 - 편집은 방송 프로그램과 같이 화려하게 하는 것이 아니라 불필요한 내용을 자르는 것임

 ⅱ) 영상 보여주면서 '스킵'(skip)하기

- 편집이 어렵다면 교사가 영상물을 보여주면서 불필요한 내용이 나올 때 '스킵'하기(몇 분쯤에 '스킵'해야 할지 알고 있어야 함)

2. 영화를 활용한 수업

(1) 편집본 활용

영화는 현실 삶의 모사이기 때문에 수업 시간에 활용하기 좋은 매체이며 학생들의 흥미를 끌기 쉽다. 그러나 보통 90분 이상의 러닝 타임을 가진 영화를 그대로 보여주는 것은 효과가 떨어진다. 최소 90분이라고 해도 수업 연속 2차시를 영화만 보는 데 써야 한다. 중간에 흐름이 끊겨서 학생들의 집중과 흥미가 떨어진다. 게다가 '수업시간=영화 보는 시간'으로 오해받을(?) 소지가 있다.

영화는 되도록 편집해서 15분 내외로 활용해야 한다. 편집하기 어렵다면 영화 예고편이나 영화 소개 프로그램에 나온 영화 소개 영상을 이용한다. 유튜브 등에는 영화를 10분 내외로 소개하는 콘텐츠들도 많이 있다.

(2) 수행평가: 영화 소감문의 활용

만약 학생이 한 편의 영화를 다 보고 있는 그대로의 감동을 느끼게 하고 싶다면 수행평가 과제로 제시하면 좋다. 인성 교육의 효과를 올리기 위해 소감문 양식을 다음과 같이 구성했다.

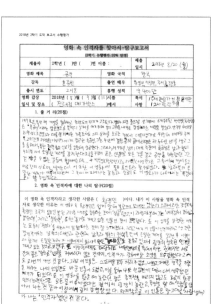

'인격자'의 뜻을 잘 모르는 학생들이 간혹 있다. 뜻을 설명하면서 위 소감문을 쓸 때는 '인격자'를 넓게 해석하라고 말했다. 갈등을 해결하고 고난을 극복한 인물까지도 '인격자'의 범위에 넣으라고 제시했다. 과제를 부여할 때 내가 쓴 것을 샘플로 보여주었다. 수행평가 과제 제시 기간은 학기 중보다는 여름 방학이나 단기 방학 등 쉬는 기간이 긴 때다. 학기 중이라면 시험에 구애받지 않는 기간에 여유를 두고 과제를 제시해야 한다.

학생이 쓴 영화 속 인격자 탐구 보고서 일부

2학년 김○○의 보고서 중: 영화 <공작>을 보고

3. 영화 속에서는 어떻게 갈등을 해결하고 있으며 인격자는 이 갈등 상황에서 어떤 역할을 하고 있는가?

☞ 이 영화 속 갈등 상황은 남과 북의 대립에서 북한의 핵 개발에 관한 갈등, 남의 대선과 관련한 갈등 속에서 남과 북의 수뇌부들의 연합과 공작인 황정민과 북측의 이성민 간의 갈등이 눈에 띈다. 또 이 수뇌부와 황정민 이성민 간의 대립은 '부와 명예를 중시하는 사람들'과 '평화를 중시하는 사람들' 사이의 대립을 고조시켰다. 내가 뽑은 인격자는 이 갈등 상황 속에서 북측의 핵 개발을 알아보기 위해 북의 고위층 내부에 침입해 정보를 알아내고 대북 사업을 추진했으며 북측 관계자들과 친분을 쌓았다. 그리고 수뇌부와의 갈등상황에서 북측에 더 나은 대안을 제시하면서 북측을 설득시켜 북한의 남한에 대한 도발을 막아 평화를 지켜냈다.

영화 속 인격자를 찾아서-탐구보고서
(   )학기 수행평가

제출자	( )학년 ( )반 ( )번 이름:		제출 일시	
영화 제목		영화 국적		
감독		출연 배우		
출시 년도		흥행 성적		
영화 감상 일시 및 장소	( )년 ( )월 ( )일 ( )시쯤 ( )에서		특이 사항	

1. 줄거리

2. 영화 속 인격자에 대한 나의 탐구

이 영화 속 인격자라고 생각한 사람은 (   )이다. 내가 이 사람을 영화 속 인격자로 생각한 이유는?

3. 영화 속에서는 어떻게 갈등을 해결하고 있으며 인격자는 이 갈등 상황에서 어떤 역할을 하고 있는가?

이 영화 속의 갈등 상황은

내가 뽑은 인격자는 이 갈등 상황 속에서

4. 이 영화를 보고 느낀 점

나는 이 영화를 보고

3. 막연한 시청소감보다는 괄호 넣기를!

영상물에만 집중하면서 시청하는 것이 가장 바람직하지만 시청 시간이 15분 이상이라면 시청소감문 내지는 시청활동지를 활용해야 한다. 특히 주제가 심도 깊고 내용이 어려운 영상물이라면 시청 중간에 내용 정리를 하는 기분으로 뭔가를 기록하게 해야 한다. 그런데 시청이 다 끝난 후 막연히 '느낀 점을 적어봅시다'라고 하면 학생들은 막막해 한다. 그래서 나는 객관적인 내용을 파악할 수 있게 빈칸이나 괄호를 채울 수 있는 구체적인 질문이 있는 활동지를 만들어 배부한다.

시청 활동지 활용 시 유의 사항

① 영상물 시청 전 활동지를 배부하고 학생과 함께 문제를 함께 읽어본다.

② 시청 중간에 학생들이 쓰는 데 시간이 오래 걸리면 영상물을 일시정지시켜 준다.

③ 느낀 점을 쓰게 하고 싶다면 3문장 정도로 짤막하게 쓰게 해도 좋다.

④ 활동지 작성 후 답을 함께 체크하면서 영상물의 내용을 확실하게 정리한다.

다음은 다큐멘터리 시청활동지의 양식이다. 시청활동지를 작성하게 할 때 영상물을 보기 전 문제를 먼저 학생들과 함께 읽으면서 괄호 안에 어떤 단어가 들어갈지 추측하게 한다. 그리고 학생들에게 단어 1~2개를 못 적는 것은 괜찮으므로 전전긍긍하지 말라고 이야기해 준다. 아이들이 답을 쓴다고 영상을 집중해서 보지 않을 수 있기 때문이다. 나 같은 경우 영상의 멘트가 너무 빠르면 답이 나오고 나서 영상을 스톱시키고 답을 적을 시간을 주기도 하고 답을 칠판에 적어주기도 한다.

KBS 드림하이! 콘서트 <조승연, 내 삶의 주어는 I, 나>

1. 조승연씨는 단테의 시 한 구절을 소개합니다.

내 뒤에 딱 붙고 사람들은 (   )도록 내버려두라. 바람이 불더라도 흔들리지 않는 저 언덕 위의 (   )처럼 굳건히 서라. -단테『신곡』'연옥'편 시 중

2. 우리들이 살면서 뭔가를 결정해야 할 때 많은 사람들이 이래라 저래라 할 것이다. 그러나 나를 제일 잘 아는 사람은 누구인가? ☞ _____

내가 무슨 직장을 갖고 무슨 공부를 해야 행복할지는 _____밖에 모른다.

-조승연씨가 단테의 시를 소개한 이유는 내 삶의 (   )는 나! 라는 이야기를 하고 싶어서였습니다.

3. 심리학자의 실험 결과 "줄이 길게 서 있는 화장실과 줄이 안 서 있는 화장실 중 사람들이 어느 쪽에 많이 서는가?"

☞ 줄이 (   ) 화장실

이유 : 인간의 본능 중의 하나이다. 아무 생각 없이 뭔가를 결정해야 할 때 (   )이 하는 대로 그대로 따라 하려는 습성이 있다.

- 직장이나 전공 등을 선택할 때도 남들이 없는 곳으로는 _____.
- 우리나라에 약 (   )개 정도의 직업이 있으나 조승연씨의 설문조사 결과 학생들 중 50%가 (   )개의 직업만을 선택한다.

4. 조승연씨는 인생에서 남이 하지 말라는 짓만 3가지를 했다고 합니다.

① 처음 미국 유학을 갔을 때 영어를 잘하는 줄 알았다. 그러나 충격 받았다. 미국 공부 잘한 애들이 (   )를 배우는 것을 보고 영어도 못하면서 배우고 싶어졌다. 사람들이 비웃었다. 그러나 조승연씨는 이왕 미국에 왔으면 한국에서 보도 듣도 못한 것을 배워가

야 (   )가 있다고 생각했다. 1년 정도 라틴어 공부하고 받은 성적은 (   )였다. 3년 정도를 공부했다. 그런데 나중에 (   )어와 이탈리아어를 공부하는데 도움을 받았다. 그 이유는 2개의 언어가 라틴어와 비슷했기 때문이다.

② 뉴욕대 경영대학에 다닐 때 캠퍼스 커플을 하고 싶었다. 어떻게 하면 캠퍼스 커플을 할 수 있냐고 물었다. 그래서 여학생이 많은 프랑스어나 (   )를 공부했다. 그 때 교수님이 경영대 나온 사람이 이런 거 공부해봤자 (   )없는 짓이라고 했다. 그러나 대학 3학년 때 경제사정이 어려워졌을 때 이것은 도움이 되었다. 경영학과 미술사 공부를 한 사람은 거의 없었기 때문에 한국의 잡지사에 글을 실고 돈을 벌 수 있었다.

③ 미국에서 공부를 마친 뒤 미국 은행에서 연봉을 많이 주었지만 (   )에 맞지 않았다. 정규직 시험을 안 보고 200만 원만 갖고 프랑스 (   )로 갔다. 사람들이 "이제 미국에서 겨우 먹고 살만한데 프랑스어 배워서 뭐 할 거냐고" 비난했다. 그러나 프랑스로 간 결과 한국인 중 프랑스어와 영어 원서를 동시에 인용할 수 있는 사람이 되었다. 조승연씨는 강연당시까지 여러 권의 책을 쓴 베스트셀러 작가가 되었다.

5. 결국 "나와 비슷한 사람이 (   )곳이 우리가 가야 할 빈 문이다."라고 말합니다.
(예) 샘 오취리

6. 우리는 (   )-raretem-이 되어야 한다!
 조승연씨는 남들이 뭐라 해도 꿋꿋이 버티고 갈 길을 간 이유는 무엇이든 배우기를 좋아했기 때문이라고 말합니다. (   )를 하자! 학교 공부만이 공부가 아니다.
"할 줄 모르는 거를 할 줄 알게 되는 모든 것이 바로 (   )다!"
예) 운전, 좋아하는 이성에게 말을 거는 법 등

★ 조승연씨의 공부의 3단계 ★
1) 아는 단계 : (   )을 쌓는다.
2) 볼 줄 아는 단계 : 그 지식으로 인해 (   )-긴 줄과 짧은 줄을 구별한다.

3) 할 줄 아는 단계 : 짧은 줄을 선택해서 나만의 길을 가라!

7. 조승연씨는 학생들과 이런 약속을 하고 싶어 합니다.
"그 공부 왜 해요? 그 직장 왜 다녀요?" 라고 누군가 묻는다면
대답의 주어는 반드시 (　　)여야만 한다고.
"(　　)가 하고 싶어서요."라고 말합시다.
내 인생의 주어가 "나'가 많을수록 성공과 실패도 온전히 내 것으로 받아들일 수 있습니다.

8. 학생 질문 : 공부를 잘해야만 행복하게 살 수 있나요?
조승연씨 답: 일단 공부의 (　　　)를 다시 생각해보자. 학교 공부만이 공부는 아니다. 공부의 범위를 폭넓게 생각하고 자신이 (　　　) 그 공부를 잘해야 한다.

이 시청활동지는 KBS 드림하이! 콘서트 〈조승연, 내 삶의 주어는 I, 나〉라는 영상물을 보면서 작성하게 한 것이다. 한국 학생들의 진로에 고민을 자신의 에피소드와 엮어서 재밌게 강연한 영상이다. 여러 가지 생각을 하게 하게 하는 유익하면서도 재밌는 강연이라 시험 후나 학기 말 학생들이 조금 지쳤을 무렵 보여주곤 한다.

3장. 모둠학습은 이렇게

학생들의 참여를 이끌어내기 위해 교사들은 모둠 활동을 많이 한다. 그리고 모둠 구성을 할 때 학생들의 성적이나 성향 등 여러 가지 요인을 고려한다. 그러나 학년 초라면 성향 파악이 힘들고 기존 성적 자료를 받아볼 수 없다. 나는 학년 초 모둠 활동 시 앉은 자리 그대로 모둠을 구성하기도 하고 학생들 원하는 대로 구성하기도 해서 수업을 해보았는데 의외로 교사가 구성한 것보다 활동효과가 현저히 떨어지지 않았다. 오히려 원하는 친구끼리 모둠 구성을 했을 때 토의가 활발해지기도 했다.

이 장에서는 직소II를 변형한 모둠활동과 모둠 구성 시 유의사항, 모둠 평가 시 유의사항을 실었다.

1. 변형된 직소Ⅱ 모둠 활동

직소수업 모형은 학생 모두가 학습의 주체가 되어 서로 가르치고 배우는 소집단 협동 학습의 한 형태이다. 1978년 미국 텍사스대학의 아론슨(Aronson) 등이 개발하였고 이후 이 직소Ⅰ 모형을 수정한 직소Ⅱ 모형도 있다. '직소'라는 이름은 모집단이라 불리는 원래 모둠이 전문가 집단으로 갈라졌다가 다시 모집단으로 돌아오는 모습이 마치 직소퍼즐과 같다고 하여 붙여졌다. 나는 직소Ⅱ 모형을 변형하여 수업에 적용하였다. 일반적으로 알려진 직소 수업 절차는 다음과 같다.

① 한 단원의 소주제를 4개로 나눈다.
② 모둠원 각자가 소주제 1개씩 맡아 공부한다.
③ 모둠원 모두에게 그 단원의 내용을 파악하게 하면서 자기가 맡은 주제를 더 열심히 공부라고 한다.
④ (전문가 집단) 같은 소주제를 공부한 사람끼리 모여서 공부한다.
⑤ 원래 모둠으로 돌아와 자신이 공부한 것을 각자 이야기 나눈다.
⑥ 개별 평가
⑦ 개별 평가 합산하여 모둠 평가

나는 위의 수업 흐름에서 ④의 과정을 생략하였다. 생략한 이유는 45분 내에 모둠 평가까지 완결하고 싶었기 때문이다. 직소 수업을 해본 사람들은 알겠지만 45분 내에 평가까지 끝내는 일이 쉽지 않다. 물론 평가 부분 ⑥, ⑦을 다음 차시로 넘길 수도 있다. 그런데 다음 차시로 평가를 넘기는 게 교사 입장에서는 수업을 마무리짓지 못했다는 생각을 갖게 할 수 있다. 학습 주제가 어렵지 않다면 과감히 전문가 집단 모임 부분을 생략해도 될 것 같다. 아니면 평가를 다음 차시에 해도 좋을 것 같다.

1부 2장에서 소개한 유일한 박사 생애 탐구 학습 시 모둠학습 흐름을 다음과 같이 잡았다.

ⅰ) 쉬는 시간: 모둠 구성 - 각 모둠에 배부할 것

　▶ 유일한 박사의 일생을 정리한 학습지(상-중상-중2개-하), 미니 보드판, 보드마커, 지우개, 모둠평가지

ⅱ) 5분: 모둠 구성표에 표시된 자신의 학습 수준에 맞는 학습부 분을 각자 펼쳐 놓는다.

　▶ 각자 맡은 학습지를 읽고 그 아래의 문제를 풀고 대기 지시

　▶ 각자가 맡은 부분만 풀게 할 것

ⅲ) 15분: 학생 할 일 설명 및 모둠 학습

　　약 2분 동안 학습지 '상'을 맡은 사람이 자기가 푼 문제의 답을 말하면 나머지 모둠원들이 학습지 '상'의 문제의 답을 적는다. 그리고 '상'의 문제와 정답을 모두 외운다. 이런 식으로 '상'부터 '하'까지 진행한다.

　▶ 타이머로 각 시간을 재서 교사가 알려준다. 시작과 끝을 알리는 종을 준비하여 종으로 알려주는 것이 좋다.

ⅳ) 20분: 모둠학습을 종료하면 조장은 모둠원들의 학습지를 걷어 교사에게 제출

　▶ 학생 전원에게 알림: 지금부터 교사가 호명한 사람은 각 모둠에서 보드와 마커를 들고 나오시오(예: 각 모둠에서 '하'를 맡은 사람 나오세요).

　▶ 각 모둠에서 나온 학생들에게 학습지에 나온 문제 중 랜덤으로 2개씩 낸다. 정답을 맞

춘 학생에게 사탕을 준다. 사탕을 갖고 가서 모든 문제 맞추기가 끝난 뒤 사탕을 분배할 것을 지시한다.

▶ '하' 수준의 학생에게는 '중' 수준 정도의 문제를 내는 식으로 난이도를 학습 수준에 맞게 조절해서 낸다.

ⅴ) 5분: 마무리 - 조장이 모둠 평가지를 작성하여 교사에게 제출한다.

▶ 교사는 걷어간 학습지를 다시 나눠준다.

이 모둠학습은 45분 내에 하기는 빠듯하다. 그래서 쉬는 시간에 먼저 들어가서 사전 준비를 해야 했다. 〈5. 유일한의 죽음과 그의 일화: 난이도 중〉 부분은 제외하고 다음 차시에 다함께 학습하면 여유가 생긴다.

학생들은 이 수업을 굉장히 좋아했다. 다만 모둠 구성표를 보여줬을 때 "선생님, 이거 성적 좋은 애랑 안 좋은 애랑 모인 거예요?"라고 물었다. 주로 '성적'에 기준을 두고 이질적인 모둠 구성을 했기 때문에 학습지를 '상-중-하'로 구분하였다. 이 모둠학습의 학습지에서 '상' 수준이 다른 수준에 비해 훨씬 더 높지는 않다. '하' 수준의 학습지에는 어려운 단어들을 쓰지 않았고 내용도 비교적 평이하게 골라놓았다. 또 퀴즈의 정답을 금방 찾을 수 있게 본문에 '밑줄'을 그어놓는 등 힌트를 주었다.

이 모둠 학습을 할 때 '하' 수준의 학생이 모둠 내에서 유일하게 퀴즈 2개를 다 맞혀서 모둠원 모두 기뻐하기도 했고(환호나 박수가 나오기도 한다), '상' 수준의 학생이 퀴즈 2개를 못 맞혀서 무안해 하는 경우도 있었다. 아예 안 하거나 노는 학생은 단 한 명도 없었다. 너무 재미있다고 또 하고 싶다고 하는 학생들이 많았다. 상황에 따라 탄력적으로 학습 양을 조절하면 여유 있는 모둠학습이 된다.

2. 모둠 만들 때 주의할 것

(1) 성향과 성별의 고려

남녀가 분반인 경우 모둠학습을 할 때 성적과 학습 태도(학습에 적극적인가, 소극적인가) 및 성향(외향적인가, 내향적인가) 정도를 모둠 구성 원칙으로 삼았다. 교직 10년차 때 처음 중학생 혼성 학급 수업을 하였다. 늘 하던 대로 일단 성적으로 모둠을 짠 뒤, 태도와 성향 등을 고려하여 모둠을 조정하여 발표하였다.

　그런데 한 남학생이 '자기 혼자 남자'라고 상당히 곤란해 했다. 살펴보니 그 모둠은 세 명이 여학생이고 한 명이 남학생이었다. 심지어 '혼자만 남자인 게 부담스럽다.' 이렇게 직접 말하는 남학생도 있었다. 그러나 성비가 딱 맞을 수는 없다. 남학생의 성격이 여학생들과 잘 어울리고 적극적인지를 판단한다. 잘 어울리는 남학생이라면 여학생들 속에 모둠 편성을 한다. 수업 혁신 연수 때 강사 분이 '되도록 남학생들로만 이루어진 모둠은 구성하지 말라, 복불복이다'라고 조언했다(당시 연수 때 저 말을 듣고 모두 웃은 기억이 난다. 왠지 남학생들만 모인 모둠의 느낌(?)을 아는지).

효과적인 모둠 구성 방법

① 성적을 기본으로 이질적인 집단을 구성한다.

② 모둠 안에 소극적이고 내향적인 아이들이 다수가 있으면 조정한다.

③ 되도록 한 성별이 혼자 있게 하지 말자.

④ 남학생 전원이 모둠인 경우는 조정할 필요가 있는 경우 조정한다.

(2) 친한 사람들끼리 하는 모둠 활동의 장점

유독 학급 전체가 조용한 편인 반이 한 해 하나씩 출몰(?)한다. 모둠학습에는 활력이 없어서 교사가 맥이 빠진다. 결국 특단의 조치로 친한 친구들끼리 모여 모둠을 구성하되 두 명 이상 모이라고 요구했다. 아이들이 최소 세 명에서 여섯 명 정도의 그룹을 자발적으로 구성했다. 모둠 토론을 시작하니 평소보다 자유롭게 말하였다. 서로 의견을 나누는 활동이 모둠 학습 목적이므로 친한 친구들끼리 모여서 토의를 하면 활기를 불어넣을 수 있다.

① 친구들끼리 모둠을 구성해서 앉으라고 한다. 단 2명 이상일 것.
② 모둠 공통 학습지를 나눠주고 학습지에 기록할 조장을 정한다.
③ 토의의 원활함을 위해 토의 후 가장 잘한 모둠에게 보상(사탕이나 초콜릿 등의 간식)이 있음을 알린다. 정해진 시간 동안 자유롭게 토의하라고 한다.
④ 모둠 토의 후 공통 학습지를 걷고 결과를 공유한다.

이 모둠 구성은 1부 3장에서 소개한 '외모가 중요한 직업과 그렇지 않은 직업을 되도록 많이 찾아보기'라는 토의 주제 수업에 적용하였다. 친구끼리 대화하면서 직업들을 많이 찾아낼 수 있고 특별히 지식적인 탐구를 많이 하지 않는 주제라서 시도했다.

전반적으로 의욕이 적은 학급인 경우나 학생들이 시험과 각종 수행평가로 지치는 시즌에는 사탕 등 즉각적인 보상을 활용한다. 사탕 등의 즉각적인 보상책 제시도 모둠 활동을 활발하게 하는 데 도움을 주지만 자주 쓰지 않는다. 궁극적으로는 보상(타율)에 의한 참여보다는 흥미와 호기심을 유발한 자율적 참여가 좋기 때문이다.

최근에 이런 일이 있었다. 교사인 내가 바라봤을 때 서로 친하다고 생각한 아이들을 같은 모둠으로 구성해서 제시했다. 그런데 유독 한 남학생이 '나를 왜 이 애들하고 붙여놨냐'고 싫어했다. 나머지 모둠원들이 공부를 잘 못하는 친구들이라 불만이 있는 거라고 생각해서 '선생님이 많이 도와줄게, 잘 해보자'고 타일렀지만, 활동 내내 입이 나와서 수업에 집중하지 않았다. 나중에 우연히 알게 되었는데 그 남학생이 평소 친하게 지낸 아이와 다퉜고 그것이 몇 달이 지나서 이제 관계가 어색해져버린 지경이 되었는데 하필 그 아이와 한 모둠이 된 것이었다. 1학기말과 여름방학이 지나는 동안 벌어진 일이라 교사가 알아차리지 못한 것이다. 수많은 아이들의 교우관계의 변화를 그날 그날 알아내기도 불가능한 일이긴 하다.

3~4년 전부터 아이들은 모둠 구성을 내놓으면 이런 저런 불만을 이야기하기 시작했다(예전 아이들이라고 말하긴 그렇지만). 예전 아이들은 '왜 이 애랑 모둠이냐!'라고 불만을 잘 말하지 않았다. 학생들의 성향이 해가 갈수록 바뀌고 있다. 자기주장과 표현을 더 강력하게 하는 것이다. 만약 꺼려하는 아이와 한 모둠이 되면 수업에 집중하지 않는 현상이 생긴다.

아이들은 어른들보다도 더 다이내믹한 인간관계를 맺어나가고 있다. 오늘 친했지만 오늘 밤 싸우고 내일은 원수가 되었다가 모레 다시 친해지기도 한다. 친한 아이들끼리 모둠을 구성하려면 교사의 관점에서 구성하지 말고 자발적으로 구성하라고 하는 것이 가장 이상적이고 학습 효율을 높일 수 있다.

(3) 1인 모둠(?)도 가능하다

모둠을 구성하여 하나의 결과물을 완성하는 수행평가 방식이 있다. 이런 평가는 수업시간에 하면 좋다. 그러나 수업 이외의 시간에 모여서 결과물을 완성하는 과제도 있다. 모둠 학습 평가의 난제는 '무임 승차자를 어떻게 할 것인가?'이다. 대학교에서도 모둠 과제로 티격태격한다고 하니 중학생들은 오죽하겠는가.

'더 나은 세상을 만들 수 있는 작은 일을 실천하고 보고서 만들기(일명 벌새 프로젝트)' 수행평가를 했다. 이 프로젝트는 캠페인, 보고서 작성, SNS 올리기 등 몇 가지 하위 항목들이 있다. 이 하위 항목 별로 역할을 나누라고 한 후 모둠 구성을 어떻게 할지 고민하였다. 그래서 과감히 '혼자 하고 싶은 사람은 혼자 하되 최대 여덟 명까지 하고 싶은 사람들끼리 모이라'고 제안했다. 대신 '나는 친구들이 덜 참여한다 해도 점수를 나눠주겠다' 정도의 친분과 각오를 갖고 모이라고 했다. 모둠을 구성하기 싫은 사람은 혼자해도 괜찮다고 했다. 물론 모둠 활동의 목적이 협력성과 의사소통 기술 증진에도 있음을 모르는 바 아니다.

그러나 내 교과만 모둠활동을 하는 건 아니다. 연속되는 모둠활동으로 지쳐하는 아이들도 있다. 이럴 땐 과감히 혼자 하고 싶은 사람은 혼자 할 수 있게 배려한다. 혼자 하면 혼자 하는 대로 여럿이 하면 여럿이 하는 대로 장단점이 있다. 혼자 결과물을 만들어내려면 시간 투자도 더 많이 해야 하고 스트레스도 혼자 감당해야 한다. 그럼에도 여럿이 모였을 때 생기는 잡음 - 언제 모일 것인가 약속 잡기, 무임승차자(전혀 과제물에 참여하지 않는 아이) 문제, 의견 조율의 문제, 나만의 개성이 드러나지 않는 문제 등 - 을 피하고 싶은 학생이라면 1인 활동을 선호할 것이다. 이 모든 장단점을 수용하면서 1인으로 할지, 친한 친구들과 모일지를 본인들이 판단하는 것이다.

무임 승차자 문제를 해결하고자 나중에 보고서를 받을 때 '모둠활동 평가지'를 주고 열심히 참여한 사람과 참여하지 않은 사람을 쓰라고 했다. 아예 참여를 안 한 사람 이름도 나왔다. 그 학생을 불러 참여 여부를 물어보니 솔직히 자기는 참여 안 했으니 점수를 주지 않아도 된다고 대답했다. 결국 이 수행평가에서는 아예 참여를 안 한 사람(그야말로 이름만 올린 무임 승차자)를 제외하고는 보고서의 질에 따라 모둠 원끼리는 같은 점수를 받게 했다. 모둠 활동은 성실성과 협동성을 전제한다. 질 좋은 결과물을 만들어내려면 우선 소통하기 편한 상대들과 모둠을 구성하면 좋다.

한 선생님께서 이런 조언을 했다.

'모둠 내부에서 이 친구의 부족한 점을 안고 가겠다는 합의가 이뤄지면 그것은 그것대로 존중하는 것도 괜찮다'고. 친한 사람과 모이든 교사가 구성한 사람들과 모이든 다양한 종류의 모둠 활동을 하면 소통능력과 배려심, 협동성과 사회성 등 다양한 인성의 측면을 제고할 수 있다. 그래서 다양한 형태의 모둠 구성을 시도해야 한다.

3. 모둠 참여도 수행평가 반영?: 득보다 실이 많다!

다음은 앞에 나온 〈인물학습-유일한 박사〉의 모둠 활동 평가지 양식이다. 평가지 1은 조장이 대표로 작성하게 했다. 평가지 2는 모두가 작성했다.

모둠 활동 평가지 1

이름	가져온 사탕 개수(맞힌 문제 개수)
총합	( )개

모둠 활동 평가지 2

질문	이름
열심히 참여한 사람과 그 이유는? (없으면 없다고 적어도 됨)	
참여 태도가 불성실한 사람과 그 이유는? (없으면 없다고 적어도 됨)	

모둠학습을 수행평가에 반영할 때마다 어려움을 느꼈다. 특히 어떤 포인트에서 누구에게 얼마만큼의 점수를 감점해야 할지 혹은 플러스해야 할지 고민스럽다. 공정한 점수 반영을 염두에 두다보면 어느 틈에 모둠 활동의 목적(학생의 자율성 및 사회성 등 신장-인성 교육의 측면)을 잊고 점수 뺄 생각만 하고 있는 게 사실이다.

결국 공정한 평가를 위해 '모둠활동 평가지'를 배부했다. 위의 인물학습과 같은 모둠학습에서는 학생들이 '가져온 사탕 개수가 그대로 평가점수가 되는 것인가' 궁금해했다. 사탕 개수가 점수에 직접적으로 반영되지 않는다고 답해주긴 했지만, 학생들은 결국 최종 점수가 어떻게 나올지 불안해했다. 사탕 개수는 참고 사항이지만 일단 수업의 결과이므로 기록하게 하는 건데 학생들 입장에서 당연히 '개수=점수'라고 생각하는 것이다. 이럴 바에는 사탕 개수는 기록하지 않는 게 좋겠다.

결국 교사가 체크리스트를 들고 다니면서(혹은 머릿속에 집어넣고) 학생들의 모둠 활동 상황을 지켜보는 게 그나마 나중에 점수를 부여할 때 공정하다. 이 경우 공정성과 객관성은 확보하지만, 학생들의 참여 상황을 체크하는 데에만 열중할 수 있다. 교사는 모둠 활동을 원활하게 도와주는 역할을 해야 하는데, 어느새 체크하고 점수 주는 데에만 몰두하는 것이다.

모둠학습 점수가 나왔을 때 어떤 학생은 '왜 자신이 100점이 아닌지' 물어보았다. '너희 모둠 평가지에 네가 성실하지 못한 것으로 나왔는데'라고 대답해주지만 굉장히 당황해한다. 교사가 관찰한 결과와 맞물려서 점수를 부여하긴 하지만 학생은 의문을 가질 수 있다. 또 학생들이 작성하는 평가지가 항상 객관적이진 않다. 다른 모둠원들이 모두 불성실한 아이로 지목한 학생이 스스로는 제일 잘한 사람에 자기 이름만 적어놓은 적도 있었다.

지금은 모둠학습을 수행평가 점수에 반영하지 않는다. '득'보다는 '실'이 많다고 판단했기 때문이다. 가끔 즉각적인 보상(사탕 같은 간식)을 하곤 한다. 모둠학습은 평가의 대상이 아니라 어디까지나 수업에 참여하게끔 하는 방식으로서만 활용하고 있다. 교사 개인의 가치관과 학생들의 상황에 따라 모둠학습을 점수화시킬 수 있다. 점수는 학생들에게 민감한 영역이므로 객관성과 공정성을 전제해야 한다. 모둠학습을 점수화시켰을 때 생기는 단점을 보완해야 한다.

모둠 학습을 점수화하는 것의 장단점

장점	단점
참여 의욕 고취 -점수를 얻기 위해서라도 열심히 참여함	교사가 체크리스트를 활용하여 모둠원을 세세히 관찰해야 함 - 교사가 모둠학습을 돕는 역할보다 체크하는 역할에 몰두할 우려 있음 학생 스스로 작성하는 자기 평가지나 모둠활동 평가지가 반드시 객관적인 것은 아님 오로지 점수를 얻기 위해서만 열심히 참여함 - 자율성과 내적 동기 감소

모둠 학습을 수행평가 점수화시킬 때 유의점

① 간단한 '모둠활동 평가지'를 작성하게 한 뒤 교사가 직접 걷어서 확인한다.

② 점수 부여 시 '모둠활동 평가지'와 교사의 관찰 체크를 토대로 한다.

③ 모둠활동 중 개인 학습지를 작성하게 하여 그것을 검사하여 점수화한다(객관적 자료).

④ 수업 시간 이외에 하는 모둠 보고서라면 친한 사람들끼리 보고서를 작성하게 하는 방법이 있다. 단, 하고 싶은 사람들끼리 모인 경우 모둠원 모두 동일한 점수를 받을 수 있다는 전제를 제시한다.

⑤ 랜덤으로 뽑은 모둠, 하고 싶은 사람끼리 하는 모둠, 교사가 정한 모둠 등 다양한 모둠 활동을 경험하게 해본다.

4장. 수행평가를 활용한 인성 함양

도덕 교사마다 견해 차이는 있을 수 있겠으나 개인적으로는 (중학교) 도덕교과에서는 지필평가보다는 수행평가의 비중이 높은 것이 좋다고 생각한다. 도덕은 그 어떤 교과보다도 실천을 중시하기 때문에 수행평가를 통해서 선한 행위를 직접 할 수 있는 기회를 제공하고 실천 의지를 제고해야 한다. 이것은 수행평가에 대한 신념이다.

수행평가를 만들고 제시하는 교사는 '수행평가에 대한 신념'과 더불어 '학생에 대한 신념'을 가져야 한다. 왜냐하면 '어떤 행위(프로젝트)를 (비교적) 장기간(1주 이상 한 달)에 걸쳐 실행해 오는 과제'의 경우 결국 학생이 실제로 했느냐, 하지 않았느냐의 판단을 하게 하는 것은 제출하는 최종 보고서뿐이기 때문이다.

1부에서 소개한 '주는 사랑 실천 보고서'의 경우 사진 5장을 첨부하도록 요구함으로써 실천율을 높일 수 있었다. 그러나 이번에 소개할 거짓말 체크리스트나 욕 체크리스트는 사진 자료도 요구하기 힘들고 오로지 학생들이 양심적으로 실천해오는 것에 호소하는 수밖에 없다.

이런 과제를 수행하는 동안 학생들의 실천율을 제고하기 위해서는 교사가 수업시간에 이 과제에 대해 반복적으로 이야기하면서 관심을 높여야 한다. 교사도 수행 과제에 참여하면서 함께하고 있다는 걸 알려도 좋다. 또 학생들에게 10개의 실천 과제를 내준다면 이 중 2~3개만이라도 정직하게 해온다면 이 정도도 괜찮다는 아량(?)을 가지면 좋겠다.

이 장에서는 욕 체크리스트, 거짓말 체크리스트, 습관 홈트 프로젝트와 같은 일상생활에서 1주일 이상 해오는 프로젝트성 수행평가와 보고서 수행평가의 일종인 사회적 약자에 대한 공감신문 만들기에 대한 사례를 소개하고자 한다.

1. 거짓말 체크리스트, 욕 체크리스트

도덕교과에서 수행평가를 잘하면 인성 교육의 목적을 효과적으로 달성할 수 있다. 직접 실천하는 과제를 제시하면 그 효과는 더 커진다. 활용했던 거짓말 체크리스트와 욕 체크리스트는 양식을 소개한다.

거짓말 체크리스트

연번	실시 날짜	거짓말 내용	거짓말 횟수
1			
2			
3			
4			
5			
6			
7			

☞ 1주일 동안 거짓말 체크리스트를 하며 느낀 점(3문장)

_____

_____

_____

위 수행평가는 '얼마나 많은 거짓말을 습관적으로 하고 있는지' 스스로 점검해보자는 의미로 내준 과제이다. 이 수행평가 과제는 취침 전에 하든지 아니면 주머니 속에 넣어두고 거짓말을 할 때마다 기록해보라고 했다. 과제를 내줄 때 샘플로 교사인 내가 며칠 실행해본 뒤에 기록한 것을 학생들에게 보여주었다.

나도 잘 몰랐는데 주로 거짓말을 할 때는 동료들이 지나가는 말로 안부를 물었을 때였다. 기분이 매우 안 좋은 날에도 '안녕하세요'라고 하면 '네, 안녕하세요'라고 대답한다든가, 식사를 하지 않았지만 '네, 먹었어요'라고 한다든가. 혹시 그 뒤에 이어질 질문들이 있을까봐 미리 차단하는 경향이 있는 것 같다. 학생들에게 내 기록 샘플을 이야기해주자 막 웃었다. 자기들은 그런 상황이 뭔지 안다는 것이다. 정말 의외로 무의식적인 거짓말이 많다.

다음 체크리스트는 욕 체크리스트이다.

욕 체크리스트

	일시	욕의 횟수	사용한 욕의 종류	오늘 하루 욕 사용에 대한 생각과 다짐	내일은 욕을 몇 번으로 줄일 것인가
1일째					
2일째					
3일째					
4일째					
5일째					
6일째					
7일째					
8일째					
9일째					
10일째					

▶ 마지막 날 느낀 점(3문장):

_____

_____

_____

욕 체크리스트 수행평가의 목적은 '욕을 줄이기'이다. 그러므로 거짓말 체크리스트와는 달리 '오늘의 반성과 내일의 계획'을 기록하라고 했다. 욕 체크리스트를 처음 과제로 내줄 때엔 샘플이 없기 때문에 '학생들이 이렇게 쓸 것이다'라고 예상하고 샘플을 만든 뒤 보여주었다.

거짓말 체크리스트보다는 욕 체크리스트를 할 때 학생들이 더 열심히 했다. 거짓말은 부지불식간에 하므로 '오늘 무슨 거짓말을 했더라?'하고 생각이 잘 안 난다. 그런데 욕은 즉각적이라서 본인이 금세 인식한다. 대부분의 학생들은 욕의 심각성을 인식하고 있으므로 주머니에 넣고 다니면서 열심히 기록해서 제출했다.

체크리스트 과제 실천 의지를 높이는 방법

① 교사가 먼저 실행한 체크리스트(혹은 전년도 학생들 것)를 샘플로 보여준다.

② 과제 부여 전 체크리스트의 목적과 효과를 설명한다.

③ 과제를 하는 동안 과제 진행에 관한 이야기를 자주 나눈다.

욕 체크리스트는 점수 비중을 낮게 했다. 점수 비중을 낮게 두는 까닭은 허위로 과제를 제출한 아이가 100점을 받는다고 해도 전체적인 점수의 향배를 결정하지 않게 하기 위함이다. 그리고 과제를 부여할 때 다음과 같은 이야기를 했다.

"혹시 여러분 중에 단 하루도 제대로 체크하지 않고 거짓말로 이 과제를 쓰는 사람도 있을 겁니다. 선생님은 여러분의 최종 결과물을 갖고 평가를 하겠지요. 선생님은 여러분이 최소한 단 하루만이라도 제대로 횟수를 세고 생각하는 시간을 갖기를 원합니다. 조금 더 나은 사람은 2일, 3일을 혹은 이 수행과제를 하는 내내 정확하게 하는 사람도 있을 겁니다. 모든 것을 여러분의 양심에 맡깁니다."

분명히 수행과제를 제출하지 않은 아이도 있을 것이고 기준 일수를 다 채우지 못한 채 내는 아이도 있다. 허위로 지어 쓴 느낌을 주는 체크리스트도 있고 하루하루 꼼꼼히 기록한 것처럼 보이는 체크리스트도 있다. 이 수행 과제의 목적은 '모든 학생들이 거짓 없이 백퍼센트 다 해오기'가 아니다. 거짓말 체크리스트의 목적 중 하나는 '습관적인 거짓말 인식하기' 욕 체크리스트의 목적 중 하나는 '욕 줄이기'에 있다. 본질적인 목적을 최대한 달성하는 데에만 집중하고 나머지 것들은 학생의 양심에 맡기는 게 좋겠다. 허위로 해서 제출하고 양심의 가책을 받는 행위조차 삶의 일부이며 배움의 과정이다.

2. 습관 홈트 프로젝트

『습관의 재발견』(스티븐 기즈 지음), 『습관 홈트』(이범용 지음)에서 착안한 수행평가 과제다. 『습관 홈트』는 『습관의 재발견』에서 영감 받은 국내 버전이다. 『습관 홈트』에서는 서로 격려하기 위해 온라인 모임을 만들어서 습관을 지속시키는 방법까지 제시한다.

욕 안 하고 바른 말 쓰기, 영어 공부 매일 하기, 매일 줄넘기 100개 하기 등의 양(좋은) 습관은 누구나 기르고 싶지만 실천이 쉽지 않다. 우리는 의지가 약한 탓을 하지만 아리스토텔레스조차 의지를 강하게 하려면 행위를 반복하는 수밖에 없다고 말했다. 습관을 바로 세우고 실천을 꾸준히 하는 방법을 고민하면서 책을 검색하다가 위 책들을 읽게 되었고 학생들에게도 알려주고 싶은 욕구가 생겨서 2018년 3월에 수행평가 과제로 '습관 홈트 프로젝트'를 제시하였다.

스티븐 기즈는 다음과 같이 주장한다. '매일 줄넘기 100개 하기'나 '운동 30분 하기'보다는 '팔굽혀 펴기 매일 1개', '스트레칭 동작 1개', '영어 공부하기'보다는 '매일 영어 단어 2개 읽고 외우기' – 이런 식으로 아주 작은 일을 매일 꾸준히 해야 습관이 자리 잡는다는 것이다. 팔굽혀 펴기를 하다보면 몸에 '습관'이 생겨서 언젠가는 2개, 5개 몇 달 뒤에는 20개를 매일 할 수 있다는 논리이다. 여기서 주의할 것은 목표를 정말 하찮게 여겨질 정도로 작게 세워야만 한다는 것이다. 남들 눈치 보느라 목표량을 늘려버리면 하기 싫어질 수 있기 때문이다. 결국 뭔가를 매일 반복해 습성을 몸에 배게 함으로써 실천 의지를 강화시키는 전략이다. 다만 그 뭔가가 손쉽게 행할 만한 과제여야 한다.

작은 습관 목표 세우기

기존 목표	작은 습관 목표
매일 운동하기(X) 매일 영어 공부하기(X) 독서하기(X)	매일 스트레칭 동작 1개 하기(O) 매일 영어단어 2개 외우기(O) 매일 책 한 페이지 읽기(O)

② 비정상적인 방법을 제외하고 평범한 사람이 자신의 꿈과 목표를 달성하는 유일한 방법은 지속적인 "습관"의 실천뿐이다.-<습관홈트> 저자 이범용

( )의 습관 홈트 프로젝트 -2학년 ( )반 ( )번

습관홈트 날짜		1일 날짜: 4/2	2일 날짜: 4/3	3일 날짜: 4/4	4일 날짜: 4/5	5일 날짜: 4/6	6일 날짜: 4/7	7일 날짜: 4/8
1. 윗몸일으키기 1문제 풀기	자기계발	시행여부: ○ 느낀점: 귀찮음	시행여부: ○ 느낀점: 귀찮음	시행여부: X 느낀점: 안함	시행여부: ○ 느낀점: 힘안남	시행여부: X 느낀점: 안함	시행여부: ○ 느낀점:	시행여부: X 느낀점: 안함
2. 야채 한입씩 먹기	건강	시행여부: ○ 느낀점: 맛닮음	시행여부: X 느낀점: 안함	시행여부: ○ 느낀점: 별로 맛없음	시행여부: ○ 느낀점: 그저그럼	시행여부: X 느낀점: 안함	시행여부: ○ 느낀점: 맛없음	시행여부: ○ 느낀점: 그저그럼
3. 다리운동 그게 하기	건강	시행여부: ○ 느낀점: 힘 귀찮	시행여부: ○ 느낀점: 힘 그저그럼	시행여부: ○ 느낀점: 힘안남	시행여부: ○ 느낀점: 힘안남	시행여부: X 느낀점: 안함	시행여부: ○ 느낀점: 힘듦	시행여부: ○ 느낀점: 그저그럼

습관홈트 날짜		8일 날짜: 4/9	9일 날짜: 4/10	10일 날짜: 4/11	11일 날짜: 4/12	12일 날짜: 4/13	13일 날짜: 4/14	14일 날짜: 4/15
1. 윗몸일으키기 1문제 풀기	자기계발	시행여부: ○ 느낀점: 힘안남	시행여부: ○ 느낀점: 그저그럼	시행여부: ○ 느낀점: 살아서잘됨	시행여부: X 느낀점: 모름	시행여부: ○ 느낀점: 문제 더 풀어야함	시행여부: ⊗ 느낀점: 시험날 그저그럼	시행여부: ○ 느낀점: 보통
2. 야채 한입 먹기	건강	시행여부: ○ 느낀점: good	시행여부: ○ 느낀점: 그저그럼	시행여부: ○ 느낀점: 맛있었음	시행여부: ○ 느낀점: 그저그럼	시행여부: ○ 느낀점: 안함	시행여부: ○ 느낀점: 안함	시행여부: ○ 느낀점: 보통
3. 다리운동 그게 하기	건강	시행여부: ○ 느낀점: good	시행여부: ○ 느낀점: 그저그럼	시행여부: ○ 느낀점: 안아픔	시행여부: ○ 느낀점: 그저그럼	시행여부: ○ 느낀점: 모름	시행여부: X 느낀점: 안함	시행여부: ○ 느낀점: 보통

● 최종 점검 : 제출일▶ (4)월 (16)일
1. 못 지킨 적이 있다면 몇 번인가? (10)번
2. 14일 습관 홈트 프로젝트를 하고 느낀점을 3문장으로 쓰시오. ☞ 계 처음에는 귀찮았다 그러나 점점 할만해졌다 무거 야채만 먹으면 쓰진않겠고 했는데 좋은 습관도 생겨서 좋았다

2018 도덕과 수행평가 (75% 중 20% 반영-4월 20일까지 제출)

습관 홈트 프로젝트 수행평가 결과물

이 수행평가는 학생들이 뭔가를 새롭게 시작하고 싶은 욕구가 샘솟을 때 제시하면 효과가 클 것 같다. 예를 들면 3월이라든가 9월 신학기에는 대부분의 아이들이 새 학년 새 학기에 대한 기대가 있으므로, 이런 때 좋은 목표를 세우고 실천하게 하면 실천력이 더 커진다. 나도 3월 중순에 제시하였다.

작은 습관 목표 세우기

날짜 / 습관 목록		1일	2일	3일	4일	5일	6일	7일
1.	시행여부:							
	느낀점:							
2.	시행여부:							
	느낀점:							
3.	시행여부:							
	느낀점:							

습관 홈트 프로젝트 효율적으로 하는 방법

① 양습관 형성을 위해 의욕이 높은 학기 초에 제시한다.

② 습관 홈트가 무엇인지 설명한다.

③ 지키고 싶은 습관을 설정하게 한다.

④ 학생들이 설정한 습관 목표들이 작고 구체적인 것인지 확인하고 매우 거창하거나 애매한 습관 목표들은 어떻게 수정해야 하는지 방향을 제시한다(되도록 1대 1로 불러 수정 보완 사항을 점검해주는 게 좋다).

⑤ 모든 학생들이 습관 홈트를 제대로 이해하고 설정했다 여겨지면 수행평가 용지를 제공한다.

⑥ 7~14일의 수행 기간을 제시한다.

⑦ 수행 과제 제출 이후에도 계속해나갈 것을 독려한다.

학생들이 주로 설정한 습관 홈트 목표는 다음과 같다.

'거실 1바퀴 돌기', '아침 밥 1숟갈 먹기', '한자 1개 쓰기', '과일 1조각 먹기', '중국어 노래 1곡 부르기', '수학 1페이지 풀기', '화장 1개 덜 하기', '목 돌리기 1회', '책 1페이지 읽기' 등.

학생들과 함께 나도 습관 홈트 프로젝트에 참여했다. 나는 '일본어 단어 1개 외우기', '스트레칭 1개 하기', '책 1페이지 읽기' 3개를 양습관으로 설정했다. 원래의 습관 홈트는 매일 빠짐없이 하는 것이 목적이다. 아주 쉬울 줄 알았다. 그런데 의외로 매일 3개를 하지 못했다. 일이 많아서, 깜빡 잊어서, 라는 핑계를 댈 수도 있겠다. 그래도 '운동 30분 하기'보다는 '스트레칭 1개 하기'가 훨씬 실천율이 높다. 아주 작은 일들이어서 잠자기 전에 안 한 것이 떠오르면 바로 시행할 수 있기 때문이다. 스트레칭의 경우 수업 다하고 남은 2~3분이 있다면 바로 교실에서 실천했다. 학생들이 그런 나의 모양새를 보고 웃기도 했지만, 선생님도 함께 참여한다는 데서 재미를 느끼는 것 같았다.

나도 결국 매일 세 개를 다 못하면서 아이들에게는 세 개나 하라고 했으니 너무 거창한(?) 숙제를 내줬나 싶었다. 솔직한 아이들은 안 했다고 표시를 해왔다. 역시 작은 습관이어도 3개를 매일 하기가 무리였다. 세 개가 무리라면 한두 개 정도로 개수를 줄여야 한다. 기간을 3주로 늘리되 한 개를 집중적으로 하면서 매일의 느낌과 생각을 정리하게 하는 것이 더 좋을 수도 있다. 교사가 방학 중에라도 미리 해보고 학생 입장에서 단점을 보완한 후 과제를 제시하는 게 좋겠다.

3. 공감신문 만들기

사회적 약자의 시각과 관점을 갖게 하고 그들을 이해하게 하려고 제시한 수행 과제다. 정확한 명칭은 '사회적 약자에 대한 공감 신문 만들기'이다. 관심 있는 사회적 약자의 자료를 조사한 뒤 수업 2차시 동안 신문을 제작하는 활동이다. 과제 제시 전 수업 시간 틈틈이 〈공감이야기〉라는 제목으로 사회적 약자들의 이야기가 담긴 자료를 읽거나 영상물을 보게 하였다. 학생들에게 어떤 자료를 찾아야 할지, 즉 신문에 어떤 내용이 들어가야 할지 아래와 같이 알려주었다.

공감신문 만들기 찾아야 할 자료

♣ 신문을 만들 사회적 약자(혹은 주제)를 선택한다(1개만).

　- 장애인, 노인, 동물, 동물복지, 여성, 양성평등, 외모지상주의, 가난, 빈부격차, 학벌지상주의, 공부 못하는 사람, 직업 차별, 육체노동자, 알바생, 소수인종, 비만인 등

♣ 신문에 들어갈 내용

① 신문제목 예) 장애인인권신문, 노인행복신문

② 사회적 약자의 대표적인 인물 1명 인터뷰(가상 인터뷰)

③ 사회적 약자가 겪는 실태·어려움(어떤 식으로 차별받고 있는가: 구체적으로)

④ 선진국은 사회적 약자에 대해 어떻게 대우하고 있는가(법/제도/사람들 인식 등)

⑤ 우리나라에서 사회적 약자를 배려하기 위해 어떤 식으로 법/제도 등을 만들었는가?

⑥ 우리나라에서 사회적 약자가 잘 배려받지 못하는 이유는 무엇인가?

　앞으로 사회적 약자가 배려받기 위해 어떤 점이 갖춰져야 하는가?

⑦ 사회적 약자를 배려하자는 공익광고 만들어서 그리기(신문 하단): 기존의 것을 모방하여
   그려도 됨

⑧ 관련 사진 1장 이상

⑨ 느낀 점(사회적 약자의 삶에 대해 이번 신문 제작을 계기로 무엇을 느꼈는가)

  * 위의 모든 사항은 손으로 쓰는 것임(출력물 붙이기 아님).

♣ 준비물: 도서관 책 혹은 인터넷 검색 자료 출력물

위와 같이 수행평가에 넣을 자료와 일자를 공지한 뒤 수업 자투리 시간에 다음의 사회적 약자 이야기 유인물을 주고 함께 읽으며 공감 지수를 높여갔다.

사회적 약자 이야기 유인물 자료

♣ '공감' 이야기_장애인에 대하여

나는 장애인에 대해 깊게 생각해본 적이 없습니다. 사람은 누구나 자기가 그 입장이 되지 않으면 깊게 생각하지 않지요. 다만 몸이 불편해졌을 때(?) 버스 안에서 자리를 양보하지 않은 사람들이 그렇게 야속할 수가 없었습니다. 그리고 가끔 내릴 때 기다려주지 않고 급하게 출발하는 버스 기사님들이 야속하기도 했습니다. 반대로 자리를 양보해주는 사람들이나 버스 내릴 때 기다려주시는 기사님께 매우 감사한 마음이 들었습니다.

요즘엔 아기를 태우고 유모차를 몰고 다닙니다. 가끔 유모차가 들어가기 힘든 건물 - 휠체어가 들어갈 수 없는 높은 턱이나 계단 - 앞에서는 망설여지고 곤란해집니다. 그럴 때마다 '휠체어를 탄 장애인들은 불편하겠구나'라는 생각이 들었습니다.

일본 여행을 갔을 때 점원들이 간단한 일본말을 해도 저는 알아들을 수 없어서 계속 못 알아듣겠다는 표정만 지었습니다. 점원이 한숨을 쉬고(순간) 한심한 표정을 짓더군요. 근데

일본 사람이 아니니 일본말을 잘 못 알아듣는 것은 당연한 거 아닐까요? 이런 식으로 따지자면 지적발달장애인들은 우리가 하는 말을 못 알아듣는 것이 당연하겠지요.

십여 년 전에 아주 어려운 강의를 들은 적이 있습니다. 몇날 며칠을 연구해도 그 강의내용을 단 1도 이해할 수 없었습니다. 전 그때 너무 답답하여 속이 터질 것 같았습니다. 어쩌면 지적발달장애인들은 이해할 수 없는 세상 속에 그저 던져진 채로 살아가고 있는 것은 아닐까요? 그들은 너무 답답해서 힘들어하고 있겠지요.

어쩌면 이 세상은 평균 지능을 가진 육체가 건강한 사람들 위주로만 이루어진 세상인 걸까요? 지능이 낮은(이해력이 부족한) 육체적으로 불편한 사람들이 존재하고 있다는 사실조차 잊고 있는 걸까요?

♣ '공감' 이야기_노인에 대하여

인간은 누구나 죽습니다. 의학이 발달하지 않고 식량이 부족했으며 전쟁이 많았던 시절에는 그저 오래 사는 것이 축복인 때도 있었습니다. 조선시대 평균수명이 40세였다는 연구결과도 있습니다. 원시시대에는 사춘기 무렵에 대부분 사망했습니다. 산업혁명이 일어났던 19세기 무렵 유럽의 평균수명은 다음과 같습니다. 영국의 경우, 1871년에 평균수명이 41세, 1901년 51세 그리고 1959년에는 68세. 이탈리아의 경우, 1874년에는 35세, 1905년 44세였지만, 1955년 66세. 지금 21세기 한국인의 평균 수명은 80세입니다. 여러분은 100세 아니 120세까지 살지도 모르겠습니다.

농업과 목축업이 주된 산업이었던 시절에는 노인의 지혜가 필요했습니다. 그러나 산업혁명 이후에는 공장에서 일할 젊은 육체가 우대받기 시작하면서 노인은 서서히 쓸모없는 존재처럼 여겨지기 시작합니다. 산업혁명 이후 정보화 시대는 빠르게 변하고 있고 속도를 못 따라잡는 노인은 더욱 더 소외되고 있습니다. 정보에 뒤처진 노인들은 할 일이 없습니다. 할 일이 없으면 외롭기도 하고 돈도 못 벌지요. 자본주의 사회에서 돈 못 버는 사람은 얼마나 힘이 없는 존재입니까?

저도 늙는 것이 어떤 기분인지 잘 모릅니다. 다만 외할머니가 92세 정도 되셨는데 거동을 못하시고 대소변을 못 가리십니다. 정신은 멀쩡하신데 육체를 마음대로 못 움직이시니 더욱 힘드시지요. 물론 치매에 걸린 노인 분들은 나름대로 힘들지요. 어쩌면 이 세상은 평균 지능을 가진 육체가 건강한 젊은 사람들 위주로만 이루어진 세상인 걸까요?

♣ '공감' 이야기_동물(원)에 대하여

고기를 먹지 말자, 육식을 하지 말자는 이야기는 하지 않겠습니다. 오늘(이 글을 쓰는 5월 8일)도 저는 점심시간에 돈육불고기를 맛있게 먹었습니다. 다만 동물원에 대해서는 할 말이 좀 있습니다. 고기를 먹는 것은 인간의 먹이사슬 구조 상 그리고 단백질 섭취를 위해 어쩔 수 없는 거라고 칩시다(여기도 무수한 반대 의견이 있습니다만). 그렇지만 동물원은 인간의 생존을 위해 필수적인 것은 아니지 않을까요? 그저 인간들이 자신들의 재미를 위해 멀쩡히 잘 살던 동물들, 특히 아프리카에 살던 동물들을 고향을 떠나게 하여 우리 안에 가둔 것이 아닌지요?

현재 지구상에 있는 동물원은 동물을 위한 곳입니까? 인간을 위한 곳입니까? 아쿠아리움의 물고기들이 진정 편안할까요? 사람들의 재미를 위해 훈련을 받던 물개나 돌고래나 코끼리는 그들이 원해서 서커스 훈련을 받은 것은 아니지요. 동물쇼는 비윤리성 때문에 세계적으로 금지되고 있지만, 국내 일부 동물원에서는 동물쇼가 여전히 펼쳐지고 있답니다.

아는 사람이 시골에서 개를 키웁니다. 어미 개와 새끼 강아지. 그런데 개장수가 와서 어미 개를 팔았답니다. 새끼 개가 끙끙대면서 그 모습을 계속 지켜보았답니다. 그 날부터 밥을 안 먹기 시작한 새끼 개는 보름동안 밥을 안 먹다가 죽었다고 해요. 저는 그 이야기를 듣고 말할 수 없는 괴로움과 슬픔을 느꼈습니다. 지금 이 글을 쓰는 순간에도 무서움을 느꼈을 어미개와 슬픔을 느꼈을 새끼 강아지를 떠올리니 마음이 많이 아픕니다.

남학생들은 지금은 여자들이 남자들보다 더 잘 나간다고 주장합니다. 학급에서만 보더라도 목소리는 여자애들이 더 큰 것 같기도 합니다만.

도덕시간에 여성이 화장을 하게 된 까닭에 대해 설명한 적 있습니다. 인류 역사 오랜 기간 동안 남성이 사회·경제적으로 주도권을 잡고 살았고 여성들은 홀로 살아가기 힘들었기 때문에 주도권을 잡은 남성들의 도움이 필요했던 것입니다. 남성들은 얼굴이 하얗고 입술이 조금 붉은 외모에 끌리는 경향이 있기 때문에 여성들은 화장으로 남성들의 선택을 쉽게 받을 수 있는 외모로 꾸미기 시작했던 것입니다(물론 현재는 여성들이 반드시 남성들의 선택을 받기 위해 화장을 하는 것은 아닙니다. 수천 년 간 굳어진 습관이라서 별 생각 없이 여성들이 화장을 하는 것뿐이지요).

텔레비전에 나오는 아름다운 여성 연예인들은 남성들이 선호하는 외모의 여성들이 대부분입니다. 이 기준에 어긋나는 여성들, 뚱뚱하거나 얼굴이 크거나 키가 지나치게 작거나 키가 지나치게 큰 경우 개그 프로그램 등에서 놀림을 받습니다. 그리고 우리는 뚱뚱한 여자가 외모로 놀림 받는 것을 보고 즐기지요. 아래 명제들을 생각해 봅시다.

1. 여자가 화장을 하지 않으면 매너가 아니다(여자는 반드시 화장을 해야 한다?).

2. 집안일과 아기를 양육하는 일은 여자만의 일이다.

3. 명절날 요리와 설거지는 주로 여자가 해야 한다.

4. 여자는 얌전하고 조용해야 한다.

5. 여자는 예뻐야 한다(남성이 선호하는 외모를 가져야 한다).

6. 여자는 뚱뚱하면 안 된다(마르거나 날씬해야 한다).

과연 여자들이 남성들만큼 자유롭고 평등해졌을까요? 적어도 외모에 있어서만큼은 여성은 더 엄격한 기준에 의해 차별받고 고통 받고 있는 것은 아닐까요?

♣ '공감' 이야기_못생김에 대하여(혹은 외모지상주의에 대하여)

우리나라 사람들은 습관적으로 상대방의 외모에 대해(집요하게) 묻고 쉽게 평가합니다. 사실 외국에서 그런 질문이나 발언은 실례가 되는 것이라고 하죠. '보여지는 것이 중요해져버린 이 시대'에 평범한 얼굴을 가진 사람이 절대적인 황금비율을 가진 꽃미남 꽃미녀와 가끔(혹은 자주) 비교해볼 수도 있겠지요.

그런데 외모가 황금비율, 절대적 기준에 안 맞는다고 해서 스트레스받고 외모에 지나치게 치중하고 더 나아가 다이어트와 성형에 중독되는 분위기가 당연시 된다면 가장 슬픔을 맛볼 사람들은 누구일까요?

얼굴에 화상을 입거나 태어날 때부터 얼굴에 흉터가 있는 사람들은 어떨까요? 이런 사람들은 소수이지만 분명 존재하고 있습니다. 예전에 이런 분들의 힘든 생활을 다룬 다큐멘터리를 본 적이 있습니다. 아무리 능력이 뛰어나도 단지 얼굴에 흉터가 있다는 이유만으로 전혀 취업할 수 없었습니다. 그리고 길거리를 지나갈 때마다 사람들이 힐끔힐끔 쳐다보기 때문에 그 시선이 부담스럽고 두려워서 나가지를 않는다고 합니다. 외모지상주의가 심해질수록 평범한 우리도 고통받지만 이런 사람들의 고통은 우리의 몇 배가 될 것입니다.

김제동 씨가 그랬죠.

잘생긴 것은 그 사람 덕이 아니다, 그렇게 태어났을 뿐이다.

못생긴 것은 그 사람 탓이 아니다, 그렇게 태어났을 뿐이다.

내가 이렇게 생긴 것은 '우연'입니다.

♣ '공감' 이야기_가난에 대하여

한때 가난한 것은 그 사람이 게을러서이고 노력이 부족해서라는 인식이 있었습니다. 그러나 지금은 가난에 대해 보는 시각이 조금 달라졌습니다. '워렌 버핏'이라는 미국의 부자가 있습니다. 이 부자는 어릴 때부터 돈에 대한 감각이 남달랐고 저축과 주식, 장사에 탁월한 재능을 보였습니다(여섯 살 때 껌과 콜라를 팔았고 12세에 우선주 가치주 투자를 시작했고 15세에 4만 평이 넘는 땅을 구매했으며, 17세에 핀볼 머신 대여 사업을 했다고 합니다).

이러한 재능은 어린 시절 본인이 개발한 것도 있지만 아무나 개발한다고 다 가질 수 있는 것은 아닙니다. 워렌 버핏이 그런 능력을 갖게끔 지지해주고 도와준 주변 사람들(가족들)이 있었죠. 이런 가족들을 만나지 못했다면 그렇게 큰 부자가 될 수 있었을까요? 우리나라 재벌 2세, 3세들은, 태어나보니 아버지나 할아버지가 재벌이었을 뿐입니다. 부잣집에서 태어났으니 최고급 교육환경 속에서 살았겠지요.

그저 태어났는데 부모님이 가난하고 늘 일을 하러 다니시고 학원 등 사교육도 제대로 못 받으면서 돈 걱정을 하는 사람과 비교할 수 없을 겁니다. 물론 '서민갑부'라고 해서 가난하지만 노력해서 부를 이룬 사람도 있습니다만.

가난은 100% 그 사람 탓은 아닙니다. 또 부자들(특히 재벌 2세, 3세들)의 부유함도 그 사람의 100% 노력이라고는 볼 수 없습니다. 이런 의미에서 보자면 가난한 사람이 차별받거나 무시 받는 것은 분명 잘못된 것입니다. 가난한 사람이 가난하다고 해서 많은 기회들을 놓친 채 살아가다 죽는 것은 분명 문제가 있습니다. 가난한 사람들이 인간으로서 존엄성을 갖고 살 수 있게 정부나 사회에 요구해야 합니다. 그리고 그들이 요구를 하기 전에 국가와 사회가 먼저 그들을 챙겨줘야 하지 않을까요?

♣ '공감' 이야기_공부 못하는 것에 대하여(혹은 학벌지상주의에 대하여)

공부를 잘하기 위해서는 두 가지 조건이 필요합니다. 첫째는 지능입니다. 일정 지능지수 이하에서는 우등생이 되기 매우 어렵습니다. 둘째는 노력입니다. 지능지수가 높아도 선생님의 말씀을 경청하지 않고 아예 시험 준비를 하지 않는다면 시험에서 좋은 성적을 거둘 수 없겠지요. 요즘에는 학원을 다니거나 과외를 받는 사교육의 힘도 중요하다고는 합니다. 그러나 인터넷을 통해 무료로 강의를 해주는 사이트가 많이 생겨났고 사교육의 힘을 줄이기 위한 노력들이 이뤄지고 있습니다. 역시 학교 성적의 중요한 요인은 지능과 노력입니다.

예전에는 공부를 못하는 학생들을 차별하는 분위기가 있었습니다. 그래서 성적 때문에 자살하는 학생들도 많았지요. 지금도 학업 스트레스로 인해 극단적인 선택을 하는 학생들이 여전히 존재합니다.

단순히 공부를 못한다고 해서 차별을 받는 것은 당연히 문제가 있겠지요. 그리고 차별이 아니라 은근히 무시받는 것도 문제가 있지요. 만약 성적이 우수하지 못하여 유명하지 않은 대학에 진학했다고 합시다. 흔히들 인터넷에서는 소위 말하는 삼류대학을 '지잡대(지방에 있는 잡스러운(?) 대학)'라고 하대요. 단순히 수능 성적이 좋지 않은 사람들이 다닌다는 이유로 '지잡대'라는 식으로 무시하는 것은 차별이 아닐런지.

학교에서 공부를 못한다고 무시 받아서는 안 되죠. 학교나 교육청에 공부를 못하는 사람들이 조금이라도 학업에 흥미를 갖고 성적을 올릴 수 있게 해달라고 요구하는 것이 당연하지 않을까요? 그리고 엄밀히 따지면 아프니까 병원에 가는 것처럼 공부를 못하니까 도움을 얻으려고 학교에 가는 것이 아닌가요?

♣ '공감' 이야기_육체노동에 대하여

네덜란드 중학생들이 선호하는 직업 1위가 벽돌공(벽돌 쌓는 사람)이라는 설문조사가 있습니다. 네덜란드 등 몇 개 나라에서는 육체적으로 힘을 쓰는 직업에 대해 차별하지 않기 때문이기도 하고 임금이 높기 때문에 사람들이 선호합니다. 그리고 벽돌공, 배관공, 목수 등은 우리나라에서는 선호하지 않는 직업이지만, 일부 나라(북유럽, 호주 등)에서는 전문 기술자로 인정받고 있습니다.

만약 우리나라에서도 이 직업들이 임금을 많이 받고(월 400이상) 전문 기술자로 우대하는 분위기가 있다면 직업에 대한 차별의식이 조금은 사라지지 않을까 생각해봅니다. 조선시대에는 사(선비-글 읽는 사람/문인), 농(농부), 공(기술직), 상(상인)이라고 하여 이 순서대로 직업의 서열을 매겼습니다. 이 서열에 따르면 의사는 기술직에 속합니다. 백종원 씨는 상인-장사꾼-으로 가장 낮은 계급에 속하나요? 시대가 변하고 장소가 변하면 선호하는 직업이 바뀌곤 합니다. 그런데 근본적으로는 직업 갖고 사람 차별하는 것은 옳지 않습니다(사실 모든 차별이 다 옳지 않지요).

부모님의 직업이 사람들이 선호하는 직업이 아닐 때 우리는 괜히 움츠러들고 조금 눈치를 보곤 합니다. 우리 사회 분위기가 그렇지 않은데 혼자서 정신승리하라고 다그칠 수는 없겠지요. 그래도 나 스스로 이렇게 생각해봅시다. 도덕적으로 문제가 있는 일이 아니라면 길에서 청소를 하든, 사람의 생명을 살리는 일이든, 벽돌을 쌓는 일이든, 학원에서 학생들을 가르치는 일이든, 시장에서 장사를 하든 자부심을 갖자고! 직업 갖고 사람 차별하지 말자고!

위와 같은 자료를 틈틈이 읽고 생각하게 하려면 여덟 개의 자료이므로 최소 여덟 번 수업에 들어가서 학생들과 한번에 한 개씩 읽어야 한다. 이런 자료를 함께 읽는 까닭은 참된 공감은 참된 앎에서 나오기 때문이다. 우리가 약자의 사정을 잘 알지 못하므로 그들의 고통과 스트레스에 대해 공감을 잘할 수 없다. 가슴이 시켜서 행동하면 개선 전략을 짤 수도 있다. 하지만 때론 머리로 이해하면 가슴이 울컥할 때도 있다. 머리와 가슴이 따로 움직일 수 없고 함께 움직여야 한다.

이와 같이 사회적 약자들에 대해 기초 지식을 나눈 뒤 학생 개인들이 자료를 찾아서 2시간에 걸쳐 사회적 약자에 대한 공감 신문을 만든다. 학생들이 신문 만들기라고 하면 막연하게 두려워하므로 다음과 같은 방법을 통해 학생들의 과제 제작 방향을 이끌면 좋다.

효과적인 공감신문 만들기 방법

① 교사가 샘플을 제작하여 보여준다.

② B4 사이즈 종이를 제공한다.

③ 3~4차시 정도 주면 완성도 높은 신문 제작이 가능하다.

(실제 2차시만 하였으나 다들 시간이 부족했다고 하였음)

④ 자료와 내용이 많으므로 모둠활동 수행 과제로 만들어도 좋다.

⑤ 모둠 과제로 한 경우 제작 후 발표회를 가지면서 이야기를 나눈다.

타이틀은 '신문'이지만 사회적 약자의 처지와 입장에 관한 객관적인 자료들을 잘 정리하고 느낀 점을 기록하는 형식이라서 보고서의 느낌도 강하다. 그러나 '보고서'라고 하면 학생들이 부담스러워한다. '신문'은 감성을 자극하는 광고도 그릴 수 있고 생생한 인터뷰도 실을 수 있어서 사회적 약자를 공감하는 마음이 더 생긴다고 여겼다.

가장 많이 신문 주제가 된 약자는 '장애인'이었다. 요즘에는 페미니즘과 여성 인권 신장 뉴스들이 자주 나와서 몇몇 여학생들은 양성평등이나 외모지상주의를 주제로 신문을 만들었다. 아르바이트생, 동물 보호도 꽤 나왔다. 할아버지가 돌아가신지 며칠 안 된 학생은 '노인'을 주제로 신문을 만들었다. 제법 체중이 나가는 남학생들은 '비만인 차별'을 주제로, 공부를 못하고 수업시간에 엉뚱한 소리한다고 지적을 종종 받았던 학생은 '공부 못하는 사람'을 주제로 신문을 만들어 제출하였다.

'그 사람의 입장'이 되지 않으면 그 사람이 힘들어하는 점을 알기 어렵다. 이 수행 과제가 학생들이 약자의 어려움을 이해하고 공감하는 시간을 갖는 작은 계기가 되었으리라 믿는다.

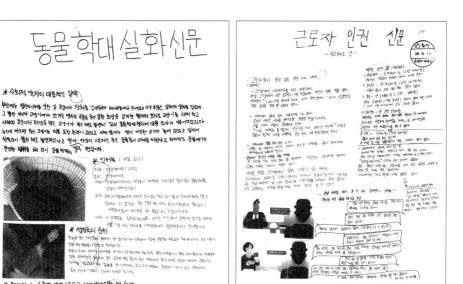

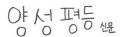

사회적 약자 신문

5장. 학습지냐, 노트 정리냐?

토크, 조크, 초크.

배움의 공동체의 주창자인 사토 마나부 교수는 교사가 교실에서 버려야 할 세 가지 '크'를 위와 같이 제시했다. 토크(talk)를 버리라는 건 교사 위주의 일방적 강의식 수업을 탈피하고 학생들이 말하고 참여하게 하라는 뜻이다. 조크(joke)를 버리라는 건 교사가 수업과 관련 없는 농담을 해서 수업의 맥을 끊지 말라는 것이다. 학생들이 오로지 배움에서 재미를 느끼게 하라는 뜻이다. 초크(chalk)를 버리라는 건 교사가 하는 판서를 학생들이 베껴 적는 행위를 그만 하라는 뜻이다. 요즘엔 판서하는 경우가 드물기 때문에 결국 파워포인트 화면을 띄우고 받아 적게 하거나 학습지를 배부하고 학습지만 채우게 하는 행위를 그만하라는 것일 게다.

그러나 학습지든 노트정리든 학습 내용을 정리하는 그 무언가는 필요하다. 사실 학습지나 노트 정리를 하지 않고 학생 스스로 학습 내용을 정리하면 가장 좋을 것 같지만 대학생이나 되어야 가능한 일을 중(고등)학생에게 요구하는 것은 무리일 듯 싶다. 궁리 끝에 '학습지와 노트 정리를 최소화한다'는 전제 하에 관련 주제 학습을 종료한 후 학생들이 노트 정리를 할 수 있게 했다. 그리고 필요에 따라 보충 자료 학습지를 만들어서 배부한 뒤 학생들이 노트에 붙이거나 따로 파일 철에 보관하게끔 했다. 노트 정리는 코넬대학 노트 필기법을 기본으로 했지만 모든 내용을 학생 혼자 스스로 기록하는 것이 어려움이 있을 듯하여 내용은 똑같이 기록하고 핵심 키워드와 요약정리만 각자 하게끔 했다.

  이 장에서 제시하는 노트 정리 방법은 매끄럽지 못하게 느껴질 수 있다. 다만 우리 교사들이 학습지를 남발(?)하는 경향이 있는 건 아닌지, 너무 많은 자료를 주면서 수업을 풍성하게 하고 있다고 착각하는 것은 아닌지 반성할 계기를 마련하였으면 한다. 또 교수-학습 방법이나 수행평가보다는 연구가 많이 되진 않지만 효과적인 학습 정리 방식에 대해서도 다각도로 연구하여 수업에 적용할 필요가 있다는 제언을 하고 싶다.

1. 학습지와 노트 정리의 한계

많은 교사들이 학습지를 만들어 배부한다. 교과서와 기타 교재에 나온 내용을 핵심적으로 전달하고 싶기 때문이다. 나도 초임시절부터 약 8년간 수업시간에 차시마다 학습지를 활용했으나 5년 전부터는 학습지를 거의 쓰지 않는다. 다음과 같은 단점이 있다고 생각했기 때문이다.

학습지의 단점

① 대부분의 교과에서 학습지를 활용하다보니 학생이 보관해야 할 학습지의 양이 많아 부담스러워한다.

② 학습지가 범람하여 관리를 소홀히 하고 수업 후 버리거나 잃어버리기 쉽다.

③ 교과서 내용만을 단순 요약한 학습지는 자원 낭비이다.

해가 갈수록 학습지를 분류하여 꼼꼼히 기록한 뒤 잘 보관해서 학년말까지 간직하고 있는 학생들이 점점 줄어드는 추세다. 학습지의 홍수 속에서 학생들이 학습지 한 장 한 장의 소중함을 느끼지 못하기 때문이다. 새로운 내용이 담긴 학습지라고 해도 매 차시 1~2장씩 배부하니 학생들이 학기말까지 간수하는 걸 힘들어 했다. 나름 심혈을 기울여 만든 학습지가 바닥에 굴러다니는 처참할 꼴을 본 후로 학습지를 그만 만들어야겠다고 다짐했다.

그래서 5년 전부터 학생들이 노트 정리를 하게 했다. 디지털 시대 지나치게 아날로그적인 방식이지만, 적어도 자기가 필기한 노트는 학습지보다는 더 소중히 여길 것이라고 생각했기 때문이다. 꼭 필요한 자료는 최소한으로 프린트하여 배부한 뒤 노트에 붙이게 했다.

2. 언제 필기하는 게 좋을까?

전통적인 '판서 후 노트 정리' 방식은 교사가 같은 내용을 몇 번씩 판서해야 하는 비효율성이 있다. 그래서 칠판 대신 파워포인트 화면으로 기록해야 할 내용을 보여주었다. 중간 중간 설명을 하고 학생들이 기록하게 했다. 그런데 파워포인트 화면으로 내용을 보여주어도 학생들은 강의 듣기보다 기록하는 데에 집중했다. 학생마다 필기 속도가 다르기 때문에 느리게 글씨를 쓰는 아이는 보여준 부분을 다 쓰지 못하기도 했다.

만약 강의식 수업이라면 가장 이상적인 모습은 교사는 강의만 하고, 학생은 들으면서 동시에 핵심 내용을 각자 알아서 기록하는 것이다. 강의와 필기가 동시에 이뤄지는 것이다. 그러나 이 방식은 중학생에게 (심지어 고등학생에게도) 상당히 어렵다. 우수한 성적을 가진 학생들에게도 고난이도 작업임이 분명하다. 또 들으면서 필기하는 형태는 한 번에 두 가지 행위를 하는 셈이므로 집중력도 떨어진다. 시행착오 끝에 내가 설명할 땐 학생들이 집중해서 듣고, 정리는 나중에 한꺼번에 하는 것이 좋다는 결론을 내렸다.

3. 코넬대학 노트 필기법 활용

요즘 학생들은 거의 필기를 하지 않아서 글씨 쓰는 것 자체가 서툴다고들 한다. 손은 '제2의 뇌'라는 말이 있다. 노트 필기는 손을 움직여서 두뇌에 자극을 준다. 글씨를 쓰면서 스스로 내용 전체의 맥락을 파악하기 쉽게 하는 장점도 있다. 어떻게 하면 효과적인 노트 필기를 할까 고민하던 중에 '코넬대학 노트 필기법'을 접하고 그 연수를 들었다.

코넬대학 노트 필기법은 코넬대학교 교육학 교수 월터 포크(Walter Pauk)가 1950년대 학생들의 학습 효과를 높이기 위해 고안한 필기법이다. 이 노트 정리법은 초등학교, 중학교, 고등학교, 대학교, 일반 등에 널리 확산되어 이용되었다. 시중에는 이 노트정리법에 대한 책도 있지만 책을 한 권 다 읽어야지만 필기법을 마스터할 수 있는 그런 거창한 방식은 아니다. 코넬대학 노트 필기법은 단순하다. 필기법이라기보다는 노트 형식이라고 하는 편이 나을지도 모르겠다. 다음은 코넬대학 노트 양식이다(시중에 코넬대학 노트라고 해서 판매되고 있는 것도 있다. 나도 하나 구입해서 현재 쓰고 있는데 윗줄과 아랫줄 그리고 왼쪽에 줄이 그어져 있는 것 외에는 특별한 점은 없다).

코넬대학 노트 양식

	제목
키워드	내용
	내용을 한 두 문장으로 요약

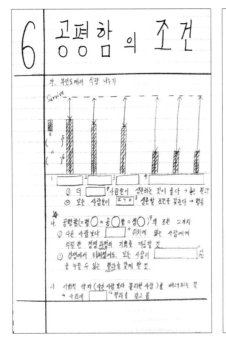

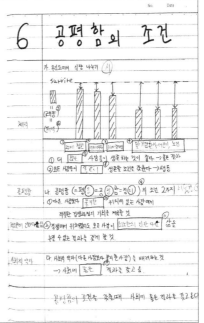

수업 첫 시간에 코넬대학 노트 필기법을 설명한다. 그리고 강의든 모둠학습이든 수업을 종료한 후 학습 내용을 정리해야 할 때 내가 직접 기록한 노트를 그대로 복사하여 나눠주었다. 학생들은 일단 교사의 노트 복사본을 보고 쓴다.

복사본을 주는 이유는 판서와 파워포인트 화면 제시 방식 둘 다 학생들이 보고 기록해야 하는 불편함이 있다는 점 때문이다. 원래 코넬대학 노트 필기는 학생 스스로 학습 내용을 정리하면서 혼자 써야 한다. 그러나 (중)학생들이 내용 정리를 온전히 혼자 다하기는 무리다. 노트 정리 할 내용이 대부분 나온 완성본을 보여주고 그대로 기록하라고 하는 이유는 학습 능력이 뛰어나지 않은 서툰 학생들을 위해서이기도 하다. 아마 대부분의 학생들이 '코넬대학 필기법으로 오늘 배운 걸 정리해보라'고 하면 45분을 다 써도 헤매고 있거나 포기할 가능성이 클 것이다.

게다가 아이들은 수학 시간 이외에 노트 정리를 거의 하지 않는다. 그래서 학생들이 모든 내용을 혼자 필기하게 하지 않고 키워드와 요약정리만이라도 할 수 있게 하는 데 우선 초점을 맞추었다. 노트 복사본에 학습했던(혹은 학습할) 내용들 중 일부 중요한 단어는 빈칸으로 처리한다. 필기를 다 끝낸 학생은 빈칸을 추리해보라고 한다. 학생들 모두가 필기를 마치면 보충 설명을 하고 빈칸을 함께 채운다. 빈칸을 다 채운 후에는 필기한 부분의 핵심 키워드와 내용 요약을 각자 쓰라고 한다. 학생들이 보고 간직해야 할 자료는 노트 사이즈에 맞는 인쇄물을 나눠준 뒤 노트에 붙이게 하고 있다.

코넬 대학 노트 필기법의 응용

① 교사가 먼저 학습 내용을 코넬 대학 노트 필기법으로 정리한다. 단 중요한 부분은 빈칸으로 해놓는다.

② 필기할 때 복사한 교사 노트 부분을 나눠준다(수업 종료 후 걷어서 다른 학급에 같은 부분을 필기할 때 또 나눠줄 수 있음).

③ 필기를 다 마친 학생은 빈칸에 들어갈 말을 추리해보라고 한다.

④ 모든 학생들이 필기를 마치면 노트 내용을 설명하면서 빈칸을 함께 채운다.

⑤ 빈칸을 다 채운 후 학생들 각자는 '핵심 키워드'와 '내용 요약'을 기록한다.

⑥ 복사한 교사 노트 부분을 다시 걷는다.

학생들이 노트 필기법에 익숙해지면 두세 단원 정도는 각자가 노트 필기 처음부터 끝까지 구성하게 한 뒤 기록하게 할 수 있다. 현재 6개월 이상 꾸준히 코넬 노트 필기 양식을 적용한 결과 필기가 끝난 뒤 내가 굳이 말하지 않아도 왼쪽의 키워드와 하단의 요약 정리를 스스로 하는 학생들이 늘어났다. 키워드나 요약정리는 노트를 읽고 혼자 해야 하는 것이기 때문에 학습 효율성을 증진시킬 수 있다. 물론 학생들에게는 뭔가를 손으로 쓴다는 일 자체가 귀찮은 일이다. 게다가 디지털 세대인 아이들에게는 말이다. 최근에 내 노트를 본 모 선생님은 '필기의 장점을 알겠지만 그래도 학습지를 주로 쓰는 저로서는 비효율적으로 보여요'라고 말했다. 학습지가 더 효율적인 교과도 있으리라 생각한다.

그럼에도 불구하고 필기는 손을 움직이고 글씨를 쓰는 행위이고 장점이 많은 행위다. 어차피 학습 내용 정리가 필요하므로 학습지든 노트 필기든 하나는 선택해야 한다. 필기하는 데 시간을 모두 써 버려서는 안 되므로 필기 시간과 내용을 최소화하고 있다.

아직도 학습 내용 정리의 효과적인 방식이 뭐가 있을 지 고민 중이다. 학습지나 노트 정리가 아닌 더 나은 제3의 방식을 찾고 있다. 필기나 자료 축적에 대한 강박 관념을 버린다면 활동 중심으로 수업하고 그 동안 학습한 내용을 교사가 프린트로 요약하여 학기 말에 배부하는 방법도 좋을 것 같다(실제로 그렇게 하는 선생님을 보았다. 그러나 학기말 한 번에 배부하기 때문에 중간에 내용 정리가 안 되는 단점이 있다). 일선 현장에서 학생들은 학기 중간에 학습지나 노트 정리를 하지 않으면 '도대체 뭘 배웠는지 모르겠다'고 말하기도 하기 때문에 어떤 식으로든지 내용 정리는 필요하다.

바로 당신이 최고의 선생님입니다

— 허인선(울산서여자중학교 교사)

이 책의 저자인 조설아 선생은 대학 시절부터 남달랐던 친구입니다.

뭔가에 집중하면 극도로 몰입을 했고 다양한 매력이 넘쳤는데 그 매력을 본인만 인정하지 않았던, 그런 겸손한 친구입니다. 이 책 역시 학교 일로 바쁜 와중에 갓 두 돌 된 아이를 키우면서 썼다고 합니다. 제가 오랜 시간 지켜봐왔던 바로는 어린 아이를 키우면서도 학교 일도 열정적으로 했을 거라 확신합니다. 방학 때 한 학기 교재연구를 미리 해둔다는 이야기를 들었을 때 같은 교사로서 본받아야겠다는 생각을 했습니다.

지금도 조설아 선생을 비롯한 여러 친구들과 화상회의 프로그램을 통해 한 달에 한 번 정도 고전 독서 모임을 꾸려나가고 있습니다. 많은 친구들이 아직 어린 아이들을 키우는지라 아이들을 재우고 밤늦은 시간에 피곤을 이겨내며 꾸역꾸역 고전 독서 모임을 이어갑니다. 전공자인 우리도 읽기 힘든 책들을 읽어나갈 수 있게 재촉하는 사람은 단연 리더인 조설아 선생입니다. 마치 아테네 시민들을 향해 등에 역할을 자처했던 소크라테스와 같습니다. 이렇게 늘 자극을 주는 친구가 있어 저는 참 좋습니다.

이 책은 10년 이상 도덕 수업을 해 온 교사의 시행착오와 고민의 결과물입니다. 당장 수업에 써먹을 수 있을 뿐만 아니라 자유학기제가 도입된 지금 유용하게 활용할 수 있습니다.

저는 이 책을 읽고 제 수업 방식을 다음과 같이 바꾸었습니다.

일단 코넬 노트를 수업에 활용하기 시작했습니다. 이제까지는 늘 학습지를 활용했지만 중학교 도덕의 경우 전달해야 할 지식의 내용이 그리 많지는 않습니다. 간단하게 학습 내용을 정리하고 코넬 노트 하단에는 이번 시간 수업을 듣고 하고 싶은 질문과 답변을 적습니다. 그리고 하브루타와 접목하여 학생이 쓴 질문과 답변을 짝 또는 모둠과 함께 나눕니다. 코넬 노트와 하브루타를 접목시키니 일단 학생들이 수업시간에 졸지 않고 적극적으로 참여합니다. 새로운 세상을 만난 듯 했습니다.

둘째, 교과서를 재구성하여 수업하게 됐습니다. 예전에 저는 교과서 순서 대로만 수업을 하였는데 지금은 그렇지 않습니다. 올해 같은 경우도 1학기에 각종 선거가 있었고 6월은 호국보훈의 달이었기에 2학기에 배정 돼 있는 국가, 정의, 통일 파트를 1학기 당겨서 하였습니다. 각 시기에 맞게 단원을 재구성하니 학생들의 동기유발을 더 할 수 있는 계기가 되었습니다.

셋째, 이 책에 나온 습관홈트 프로젝트를 매년 수행평가에 반영하여 학생들로 하여금 작은 습관의 중요성을 일깨울 수 있게 도왔습니다. 코로나19로 인해 등교가 미뤄졌을 때 학급 밴드에서 습관 인증 미션으로 활용하여 좋은 반응을 이끌어냈고 담임인 저와 학생들의 교감이 이뤄지는 것을 느꼈습니다.

넷째, 포스트잇을 활용하여 의견을 끌어내는 수업은 지금 현재 많은 선생님들도 활용하시는 것이지만 저는 이 책을 보고 처음 시도해보았습니다. 소극적인 학생들의 속마음을 알 수 있었고 특히 이 방법은 '내 생애 최고의 순간'을 적는 수업에 활용하여 학생들의 내면에 더욱 가까이 다가가는 기회가 되었습니다.

지금 현장에서도 멋진 수업을 펼치는 선생님들이 무수히 많지만, 이 책이 대단한 이유는 평소에 저자가 수업 연구를 하면서 결과물과 과제물 등을 정리해 놓았다는 것입니다. 조설아 선생은 나에게 도움을 주기 위해서 이 책을 쓰게 되었다고 하지만 어떤 형태로든 출간했을 거라 생각합니다. 그 출발이 내가 되었다면 더할나위 없는 영광입니다.

이 책이 나에게 그러하였듯 여러 선생님들께 새로운 영감을 주길 바랍니다. 그리고 세상에는 대단한 교사들이 많지만 선생님들의 제자들에게는 바로 선생님, 당신이 최고의 교사라는 것을 말해주고 싶습니다.

25쪽

양심

31쪽

1. 거짓말을 해서는 안 된다.
2. 해롭고, 이롭다고, 근거, 거짓말
3. 결과, 관점
4. 꼼꼼히 따져보는 일, 이성
5. 선의지, 선한 행위를 하려고 하는 마음가짐,
   의지, 악한 의지, 선의지
6. 악, 없어질, 실행, 현실적, 손
7. 착한사람, 예외
8. 의무론, 극단적인 불이익, 상대방, 사기나 폭력,
   불성실
9. 극단적인 불이익, 상대방, 조심스럽게, 늘어가면,
   정당성

57쪽

1. 고정관념, 무력, 노예
2. 수단, 내면, 자주
3.
   ① 수호, 보호
   ② 쾌락, 쾌락, 행복
   ③ 이상, 불신, 허영, 돈
   ④ 절약, 모은다, 싼, 중독
   ⑤ 명품, 열등, 낮다, 남
   ⑥ 순진, 회피, 이해, 사기
   ⑦ 보호, 가족
   ⑧ 사업

78쪽

1. X
2. 작은, 작은일
3.
   ① 트래킹 자전거
   ② CD
   ③ 스포츠화
   ⑤ 미국
   ⑥ 돈
   ⑦ 이탈리아 음식점
   ⑧ 잘 살지 못하는 어린이들

⑨ 블랙진
⑩ 컴퓨터

81쪽

1. 유일한, 전문, 1
2. 주권
3. 조국, 1926, 서재필
4. 동포, 안티푸라민
5. 소아, 의사, 증가
6. 교육, 환원, 장학금, 삐콤, B
7. 3, 자립, 1, 환원
8. 전문, 위탁
9. 신용, 공정한
10. 신약, 봉사

84쪽

1. 1895
2. 한인소년병학교
3. 경제력
4. X
5. 동네 아이들의 놀림

85쪽

1. 미식축구
2. 유언장
3. 협동
4. 최고의 한국사람
5. 부자

87쪽

1. 미시건대학교
2. X
3. 소아과
4. 숙주나물, 라초이
5. 가난한 한국

88쪽

1. 1926
2. 버드나무
3. 한국인들이 제대로 된 약을 쓰지 못해 병들어가
   는 게 안타까워서

245

4. 거지습관을 심어주기 싫어서
5. 일자리, 세금 환원하자
6. 유한공업고등학교

90쪽
1. 1971년
2. 스스로 혼자서
3. 19년
4. 스스로 일해서 살아가라고
5. X

164쪽
1. 살아가는, 무의미
2. 왜 죽지 않는지
3. 사랑, 타인, 확인, 사랑, 사랑
4. 부여하는, 관계, 알려고, 기쁘다, 이기심, 내
5. 행복, 관심
6. 사랑, 무게감

194쪽
1. 떠들, 성
2. 자신, 자신, 주어
3. 긴, 남, 가지 않는다, 만, 6
4. 3
   ① 라틴어, 가치, D, 프랑스어
   ② 미술사, 쓸데
   ③ 적성, 파리, 19
5. 별로없는
6. 레어템, 공부, 공부
   1) 지식 2) 보인다
7. 나, 내
8. 범위, 할 수 있는